DIE NACHT DER JUNGFRAU

FREDDY DERWAHL

DIE NACHT DER JUNGFRAU

Erzählung einer inneren
Reise zum Berg

ATHOS

Aquarelle von Willy Emonts

GRENZ-ECHO VERLAG

Umschlag nach einem Aquarell von Willy Emonts
Umschlaggestaltung: Françoise Nizet
Satz und Druck: Grenz-Echo Druckerei

D / 1991 / 3071 / 1

ISBN 3-923099-85-1

Vertriebspartner für Deutschland, Österreich, Schweiz:
Meyer & Meyer Verlag - Aachen/Deutschland

Für Mona und unsere Kinder

Die Menschen haben die törichte Gewohnheit angenommen, von der Orthodoxie als von etwas Lastendem, Langweiligem und Sicherem zu sprechen. Nichts war je so gefährlich und so aufregend wie die Orthodoxie. Denn sie war die Gesundheit: Und gesund zu sein ist dramatischer als verrückt zu sein.

Gilbert Keith Chesterton

Feuer auf dem Athos

Ein verheerender Großbrand hat in den beiden letzten Augustwochen 1990 weite Teile der Mönchsrepublik Athos auf der Chalkidiki-Halbinsel in Nordgriechenland vernichtet. Wiederholt von Stürmen angefacht, zerstörte das Feuer 27 000 Hektar Wald zwischen den Klöstern Karakallou an der Ostküste sowie Grigoriou und Simonos Petras im Westen. 1100 griechische Soldaten, Feuerwehrleute und Forstbeamte waren ununterbrochen im Einsatz, mußten jedoch verzweifelt mit ansehen, wie dem Feuer die Hochwälder mit uralten Pinien, Kastanien, Steineichen und Lorbeerbäumen zum Opfer fielen. Asche bedeckte den Heiligen Berg.

Wegen heftiger Winde und des hohen Seegangs konnten die griechischen Löschflugzeuge vom Typ »Canadair« meist nicht starten. Betagte Mönche sowie wertvolle Klosterschätze wurden von herbeieilenden Kriegsschiffen in Sicherheit gebracht. Der Minister für Mazedonien und Thrakien, Giorgios Tsitsikostas, rief für das Nationalheiligtum Griechenlands, für das »Herz der Orthodoxie«, den Notstand aus.

Wiederholt haben in der mehr als tausendjährigen Geschichte des Klosterberges Brände gewütet, kaum eines der zwanzig Großklöster, das nicht vom Feuer heimgesucht und wieder aufgerichtet werden mußte. Das Hantieren der alten Väter mit Kerzen und Öllichtern, so wie es in den stundenlangen, nächtlichen Liturgien vorgeschrieben ist, bedeutet eine ständige Gefahr. Aber das Feuer vom August 1990 sprengte alle Vorstellungen, ja, es nahm in der Phantasie der erschöpft und hilflos den ausweglosen Kampf wagenden und um ihr Leben fürchtenden Mönche nahezu zeichenhafte, apokalyptische Züge an. An diesem Ort der Geheimoffenbarungen, Wunder und Legenden lebten plötzlich die uralten Voraussagen von Weltuntergang und Endzeit wieder auf.

»Wenn der Athos erlischt, ist das Ende ganz nahe«, so glauben viele Mönche und Einsiedler auf dem Heiligen Berg zu wissen. Auch ringsum in Griechenland, in Rumänien, Rußland, Bulgarien und Serbien, deren Klosterfestungen auf dem Athos jahrhundertelang von Parusie-Erwartungen geprägt wurden, weiß man um diese »letzten Dinge«, die plötzlich vor dem Hintergrund der in den Augusttagen ausbrechenden Golfkrise brisante Aktualität erhielten.

In diesen Tagen der Ungewißheit, wo zunehmend von irakischer Giftgasbedrohung, von militärischer Konfrontation und einem Präventivschlag gegen Israel die Rede war, kreuzten bereits hochgerüstete Kriegsschiffe im östlichen Mittelmeer mit Kurs auf den Persischen Golf. Auf dem Athos beging man unterdessen das Hochfest der Verklärung des Herrn. Hunderte Mönche kletterten den Pfad zum 2033 Meter hochgelegenen Gipfelkreuz hinauf, um wie gewohnt nach einer Nacht des Gebetes das Licht des Sonnenaufgangs zu erleben. Tief unten brannten die Wälder, explodierten in der glühenden Hitze uralte Baumriesen. Aber auch die Glut der Gebete brachte keine Hilfe.

Die Nachrichten vom Großbrand hatten inzwischen auch die Weltpresse alarmiert. So machten die Fotos von ausgemergelten Mönchsgestalten mit Schaufeln, Schläuchen und Feuerpatschen im Kampf gegen die vordringenden Flammen die Runde. Am Fest der »Entschlafung Mariens« zogen die verzweifelten Väter in einer Prozession mit einer Muttergottes-Ikone ins Freie. Jetzt mußte die Panagia, die große Schutzpatronin und einzige auf dem Heiligen Berg zugelassene Frau, ihren brennenden Garten vor der Vernichtung retten.

Am nächsten Tag landeten vor dem Kloster Xiropotamo oberhalb des Athoshafens Dafni zwei Hubschrauber vom Typ »Sikorski CH-53« des Heeresfliegerregimentes 15 aus Rheine in Westfalen. Ununterbrochen flogen die Helikopter trotz heftigen Windes Löscheinsätze. In riesigen Behältern beförderten sie fünf Tonnen Meereswasser zu den Brandherden, das hier gezielt abgelassen wurde. Sechs Offiziere der Luftwaffe und achtzehn Mann Wechselbesatzung unterstützten die im Gebirge kaum noch manovrierfähigen Löschfahrzeuge der griechischen Armee. Später folgten noch zwei weitere Hubschrauber der Heeresfliegerstaffel aus Mendig bei Maria Laach in der Eifel. Eine griechische Zeitung schrieb: »Die Engel aus Deutschland sind da.«

Nach zwei Tagen war auf dem Athos die Gefahr gebannt. Unmittelbar vor dem Kloster Simonos Petras, dessen neue Mönchsgeneration als Hoffnungsträger für die Zukunft des Heiligen Berges betrachtet wird, kamen die Flammen zum Erliegen. Wertvolle Nachbargebäude und Kapellen brannten zwar noch nieder, aber der mächtige siebenstöckige Bau auf dem Felsklotz über der Westküste blieb verschont.

Die deutschen Soldaten wurden wie Helden gefeiert. Bewegt erinnerte man sich in den Klöstern an die traditionsreiche Freundschaft, die den Athos mit deutschsprachigen Forschern und Literaten verbindet: der Botaniker Grisebach, der große Reiseautor des 19. Jahrhunderts, der Tiroler Fallmerayer, und nicht zuletzt der unvergessene, poetische Erhart Kästner. Wieder läuteten überall auf dem Heiligen Berg die Glocken des Dankes.

Dennoch, die Schäden an Natur und Gebäuden sind unermeßlich. Wie eine riesige graue Wüste erstreckt sich das weite Gebirgsland zwischen Simonos Petras und Karakallou. Der Schock sitzt tief und als eine der ersten Entscheidungen erließ die Heilige Gemeinschaft der Klosterrepräsentanten in Karyes ein striktes einjähriges Einreiseverbot.

Der Athos, der jährlich von Zehntausenden Touristen und Pilgern mitunter heimgesucht wurde und ohnehin seit jeher allen Frauen den Zutritt verbietet, wird wieder stärker noch als bisher verborgenes, geheimnisvolles Mönchsland. Unsere Erzählung einer »inneren Reise«, die in zwei Etappen 1975 und 1989 erfolgte, versucht gerade in dieser Zeit der größeren Trennung einen Zugang zu vermitteln, die Nähe zu bewahren.

Thessaloniki, eine Nacht im Mai

Die meisten Passagiere, die an diesem Sonntagabend in Thessaloniki landen, sind Heimkehrer. Schon hinter den Absperrungsgittern der Paßkontrolle umfängt sie das Rumoren ungeduldiger Erwartung. Namen werden gerufen, Kinderhände strecken sich sehnsüchtig den Winkenden entgegen, betagte Eltern brechen in Tränen aus. Noch eine Atempause der Trennung, noch eine letzte Kontrolle der weltumgreifend piepsenden Computerbürokratie, und sie liegen sich in den Armen. Es ist ein Moment heftigen Besitzergreifens, so als wolle man noch nicht wahrhaben, daß diese tückische Luft- und Landetechnik die Liebsten wieder freigegeben hat. Zittrige Vaterhände umgreifen die ernsthafte Tochter, die über den Wolken unnahbar in ihre Kunstgeschichte vertieft war, sich jetzt aber nicht mehr wehrt, als der Alte sie immer wieder an sich drückt. Die Küsse der Ankunft sind ausgelassen, heftig. Was lehren sie uns über die Seligkeit? Eine Bauernfamilie ist vollzählig erschienen, den blassen Ältesten wieder in Empfang zu nehmen. Vater und Mutter in schwarzem Sonntagsstaat, jemand schwingt einen Lorbeerkranz, die Brüder und Schwestern stimmen ein Lied an, aber dann kreist schon ein Fläschchen, und selbst das uniformierte Bodenpersonal gönnt sich einen Schluck.

Doch alles geschieht in Windeseile, der Aufbruch erfolgt abrupt. Draußen laufen bereits die Motoren, stehen die Kofferräume weit geöffnet, verstauen emsige Hände Gepäck und prallgefüllte Plastiktüten. Scheinwerfer leuchten auf, noch ein triumphierendes Hupen, noch ein ausgelassener Schrei, und der lärmende Troß verschwindet fluchtartig in Richtung Stadtautobahn.

Auf uns hat keiner gewartet. Jetzt erst, in dieser plötzlichen Stille unter den großen Leuchtreklamen, wird die Ankunft bewußt. Ein Hauch Abendwind, noch warm und einen süßlichen Blütenduft vermittelnd, fegt über das Flugfeld. Eben, bei der letzten Schleife der Maschine über der dunkelblauen Bucht, lag die Stadt noch ockerfarben gedrängt am Berghang. Jetzt die Befriedigung, diesen Boden endlich unter den Füßen zu spüren. Schritt für Schritt dankbare Aneignung des fremden Gastes, der sich nicht mehr wehrt, als auf der rasenden Fahrt durch den Strandstraßenverkehr das flimmernde Bombardement der ersten Eindrücke über ihn hereinbricht. Hellerleuchtete Großkaufhäuser, griechische Schriftzüge, Gartenrestaurants, Straßenmusikanten, fliegende Händler auf Maultierkarren, fünfspuriges munteres Chaos.

Thessaloniki, eine Nacht im Mai, und die anbrandende Botschaft lautet: Hier ist mediterrane Urbanität, die lässige Freiheit der Hafenstädte, ein bißchen femme fatale, ein bißchen Sokrates; der Westen ist weit, sehr weit, und von Ampel zu Ampel wird gewisser, daß die grauen Mäuse unserer Leistungsetagen hier keine Macht mehr haben, allein die kurze Erinnerung wirkt lächerlich. Der rote, perfide gespitzte Mund der Blumenverkäuferin jedoch, die lässig ausgestreckten Beine des Bettlers und das anarchische Grinsen des Taxifahrers, sie signalisieren uneinnehmbare Ankunft in Griechenland.

Alexis Hadsis hatte uns im Hotel Electra Palace angemeldet. Hier speist er mit dem Direktor persönlich, hier kennt er die Portiers und Zimmermädchen mit Vornamen, es hat ihm also nichts ausgemacht, die Verspätung unserer Maschine in Kauf zu nehmen. Als wir jedoch unsere schweren Rucksäcke durch das hellerleuchtete Foyer schleifen und uns mit alpinen Wanderschuhen bei der Rezeption melden, spricht sich rasch herum, daß die »beiden Belgier« endlich angekommen sind, und schon schießt Hadsis aus einer Menschentraube auf uns zu.

Wenn man mit einem wildfremden Menschen acht Tage und Nächte auf dem Heiligen Berg verbringen möchte, hat der erste Eindruck den Wert knisternder Offenbarung. Und tatsächlich, all das, was ich später an ihm entdecken sollte, war schon in gebündelter Form in seinem ersten Vorpreschen präsent. Dieser windige Hahnenkopf, seine franziskanische Eleganz, auch im T-Shirt Würde auszustrahlen, dieser einsame, suchende Blick in die Ferne, seine nahezu weibische Geschwätzigkeit, stets wechselnd mit streng abwesender Melancholie, diese münchhausenhafte Lust zu fabulieren und zugleich eine drahtige Disziplin, ein scharfer Sinn fürs Kurzgefaßte, Umweglose, Wesentliche. Das alles sprachgewandt und von hohen Bildungsgraden. Ein Teufelskerl ergriff unsere Hand.

Wir saßen in der Hotelbar, die so ungriechisch war mit ihren Westerndrinks und Sinatra-Kassetten, daß man hätte weinen mögen, aber Hadsis bot als Entschädigung die ganze Prachtentfaltung seiner abenteuerlichen Persönlichkeit. Hier mit geräuschloser Effizienz des Organisationstalents aus der Chefetage des Athener Tourismusministeriums aufblitzend, dort, sozusagen als warnende Vorabkonfidenz, eine Kurzfassung seiner Autobiographie zum besten gebend, die von seiner frühen Kindheit in einem russischen Gefängnis über seinen militanten Widerstand gegen die Obristenjunta bis hin zur mütterlichen Geste von Simone Signoret reichte, die ihm im Pariser Exil einen Pullover gestrickt hat.

Nach dem zweiten Ballantines erfuhren wir, daß Robert Redford vier Tage bei ihm auf Hydra verbrachte, ohne das Haus zu verlassen, daß sein Vater ein führender Kommunist war und auch er ein Linker sei, weil nur hier geschichtlicher Fortschritt bewirkt werde. Das kleine Goldkreuz an seinem Hals bedeute jedoch, daß er sich kompromißlos zum orthodoxen Christentum bekenne.

Alexis Hadsis kann märchenhaft erzählen. Couven und ich hängen atemlos an seinen Lippen. Plötzlich spricht er Russisch und berichtet, daß seine Frau Ikonen male. Schon mit fünf hat seine Tochter ihnen gesagt: »Um mich zu machen, habt ihr euch umarmt.« Hadsis genießt unser Staunen und wagt erstmals den Sprung zum Heiligen Berg. Dort kenne er im Rossikon einen mysteriösen Vater, der die Gabe der Hellseherei besitze. Oben im Marmorgebirge gebe es noch Wölfe, erst letzten Winter sei wieder ein Greis zerrissen worden. Auch die wundertätige Quelle von Iwiron will er uns zeigen, er weiß sogar von einem jungen Milliardenerben, der jüngst in ein abgelegenes Athoskloster eingetreten sei und unerkannt an diesem verborgenen Ort lebe.

Es war wie im Märchen, und wäre nicht der Ober erschienen, der ihn diskret an das verabredete Nachtessen mit dem Herrn Direktor erinnerte, unser Reisebegleiter hätte uns gewiß in ein noch tieferes Schweigen versetzt. Aber so blieben wir allein zurück, mit offenem Mund und offenen Augen. Irgendwie ungläubig standen wir auf auf dem nächtlichen Aristotelesplatz, wo uns in den Straßencafés der Geruch von Hammelbraten und die Bouzoukimusik daran erinnerten, daß wir uns tatsächlich in Griechenland befanden und unser Abenteuer am Athos erst gerade begonnen hatte.

Papa Hemingway und der heilige Paulus

Wer möchte nicht so erwachen? Unter dem weißen Bogendach der Terrasse glitzert die blaue Bucht von Thessaloniki, im spiegelglatten Wasser liegen einige Tanker vor Anker, es ist sehr früh, noch brennen die Positionslampen, von Möwen umkreist. Dann am Telefon die Stimme meiner Frau, heiter, ermutigend wie immer. Ich genieße den heißen Kaffee, trete barfuß auf den Balkon. Ganz weit, an der diesigen Nahtstelle von Tag und Nacht, von Meer und Himmel, die weiße Silhouette des Olymps. Als ich die Orangenschalen auf den Mauersims lege und dieses Glück in der Frühe nicht glaube fassen zu können, kommt der Gedanke: Du fühlst dich wie Papa Hemingway vor dem Aufstieg zum Kilimandscharo. Waghalsige, unternehmerische Leichtigkeit, ein irres Gefühl von Freiheit und Lebensfreude.

So sehe ich hinab auf die Bucht, auf diese Stadt, die hier unten am prachtvollsten ist und etwas ahnen läßt von ihrem unwiderstehlichen Sog, den sie durch mehr als zwei Jahrtausende ausgeübt hat. Keine andere am Meer liegende Stadt in Griechenland oder auf der Balkanhalbinsel ist älter als sie. Zwischen Olymp und Athos gelegen, den heiligen Bergen der Antike und der Orthodoxie, birgt sie vielmehr als nur den Schmelztiegel einer Hafenmetropole. Wenn man bedenkt, daß Paulus hier an Land ging und Aristoteles drüben in Staghira geboren wurde, ist angesagt, wo wir uns befinden. Wer immer aus dem Westen kommt und zum Athos will, muß zuerst hierher, aber die Verwaltungsplackerei mit Empfehlungs- und Zulassungspapieren ist nur eine andere Form der Barmherzigkeit, zumindest für einen Tag und eine Nacht etwas von diesem Zauber ein- und ausatmen zu dürfen, den eine große, stürmische Geschichte in diesen Mauern zurückgelassen hat.

Deshalb hinkt auch mein übermütiger Vergleich mit Hemingway, denn keine Safarikugel durchstreift die Luft am Weißen Turm, und keine Fiestaleidenschaft lockt im Schatten der Zwölf-Apostel-Kirche. Eher eine Strenge und Stille, die gerade bei Anbruch der Karwoche eine eigenartige Tönung hat. Drum ist der keineswegs schüchterne, in Begleitung von Timotheus und Silas hier aufkreuzende und sich als Zeltmacher durchschlagende Paulus ein geeigneteres Reisemotiv als der versoffene Schriftsteller aus Michigan.

In seinem ersten Brief an die Thessalonicher klingt ja schon an, was im Halbdunkel der Zwölf-Apostel-Kirche mit einem wunderbaren Mosaik im Glitzerzustand glühender Verehrung bewahrt und auf dem Athos nach wie vor als spirituelles Großereignis gefeiert wird: Verklärung und Taborlicht als unbeirrbar entgegengefieberter Anbruch der Parusie, der endgültigen Wiederkehr des Herrn.

Wie ein Dieb in der Nacht, so schreibt der Apostel an seine Freunde in der zweiten europäischen Christengemeinde, werde der Tag des Herrn kommen: »So lasset uns denn nicht schlafen wie die übrigen, sondern wachsam sein und nüchtern!« Wem sagte er das? Die Euphorie über die als unmittelbar bevorstehend betrachtete Endzeit war im Kreis des Quartierwirtes Jason und des späteren Bischofs Aristarchos so überschäumend, daß sich der Apostel genötigt sah, seinem ersten Brief einen zweiten, viel moderateren, folgen zu lassen, vor schwärmerischer Erleuchtung und Geistesoffenbarung warnend. Es muß den glühenden Griechen schwergefallen sein, sich so mäßigen zu lassen.

Ähnliche Szenen sind ja auch vom Athos überliefert, auf dessen Gipfel eine Metamorphosis, eine Verklärungskapelle erbaut wurde, zu der am Festtag im August Mönche aus allen Klöstern hinaufpilgern. Dann sieht man die wagemutigsten unter ihnen, nach einer im Gebet verbrachten Nacht, im Morgengrauen auf die Balken des Gipfelkreuzes steigen und in 2033 Meter Höhe mit leidenschaftlichen Christos-Schreien die im Osten der Ägäis aufsteigende Sonne als den Anbruch des Lichtes, der Wiederkehr anrufend.

Schon im Kreuzkuppelbau der kleinen Apostelkirche spüren wir erstmals jenen kühlen Hauch von Entzug, den uns eine verkopfte und mißtrauische Theologie im Westen einzuflüstern versucht, ein schmerzlicher Hochmut gegenüber jenen extremen Ereignissen der Schrift, deren Freude wir uns, zermürbt von allen Klarstellungen und Aufklärungen, meinen nicht mehr zutrauen zu dürfen.

Aber auch das ist Paulus und sein aufbrausendes Wort von Thessaloniki: »Bevor das Ende der Welt und die letzten Dinge eintreten, muß offenbar werden der Mensch der Gesetzlosigkeit, der Sohn des Verderbens, der Widersacher, der sich über alles erhebt, was Gott heißt...« Er erinnert gar ausdrücklich daran, »daß ich euch dies sagte, als ich noch bei euch war.« Deshalb müsse der Aufhaltende, der im Weg Stehende noch weggeräumt werden, »den der Herr Jesus hinwegnehmen wird mit dem Hauch seines Mundes und vernichten wird mit dem Aufleuchten seines Kommens.«

Das ist unsere erste Erfahrung auf dem Weg zum Athos. Im Schatten der Apostelkirche kritzele ich es in der Mittagshitze, während der Kellner uns erst einmal kühlen Harzwein eingießt, in mein Notizbuch: Spätrömischer Galeriusbogen, Kreuzkuppelkirchen. Wo ist Paulus? Er beschreibt Satan als den Aufhaltenden. Spüre ich ihn nicht noch am Ärmel?

Die Küche der Brüder Zorzis

Zwei Essen in Thessaloniki bleiben unvergessen. Alexis Hadsis hatte mich am Abend gefragt, ob ich »trippes«, also Kutteln, Innereien möge. Er hob sein Ouzoglas so liebenswert, seinen ganz persönlichen Geschmack zu einer freundlichen, erwartungsvollen Einladung garnierend, daß ich nicht zu widersprechen wagte. Selbstverständlich möge ich jenes Kleingeschnetzelte aus tückischen Eingeweiden, und überglücklich versprach er uns, ohne ernsthaft übertreiben zu wollen, »die beste Kuttelsuppe von Makedonien, wenn nicht ganz Griechenlands«. Er selbst kenne keine bessere Adresse, sei weitgereist und welterfahren, habe in alle Töpfen der gehobenen Gastronomie seine kritische Nase gesteckt und wisse gar von »sehr hochgestellten Persönlichkeiten«, deren Namen er uns aus Gründen pietätsvoller Diskretion verschweigen müsse, daß sie eigens wegen des famosen Süppchens aus der Kuttelküche der Gebrüder Kostas und Antoni Zorzis nach Thessaloniki reisten. Schon wurde sein Schritt schneller, und je mehr wir uns der guten Adresse unter den zum Meer führenden Arkaden näherten, um so mehr überschlug er sich in Superlativen. Im schmalen Türeingang einer kleinen Seitenstraße verbeugten sich die beiden Suppenköche mit einem Lächeln, von dem man nicht zu sagen vermochte, ob damit eine freundliche Begrüßung oder ein schadenfrohes Grinsen gemeint war.

Der Geruch jedoch, der von ihrer Küche ausging, wo unmittelbar neben der einzigen Toilette des Etablissements in einem riesigen Kupferkessel eine braune Bläschen treibende Brühe dampfte, ließ keinen Zweifel an dem aufkommen, was uns bevorstand. Die Gebrüder komplimentierten uns an einen der wenigen Tische, die mit einem Plastiktuch überzogen waren, sahen Hadsis tief in die gierig leuchtenden Augen, nickten verständnisvoll und erschienen mit zwei großen Tellern, in denen die bis zum Rand gefüllte Spezialität des Hauses schwappte. Dazu gab es Brot, ein scharfes Gewürz aus zerriebenen roten Kernen und ein Fläschchen Weinessig.

Die Brüder strahlten, Alexis blickte mit feuchten Augen erwartungsvoll zu mir auf. Und so habe ich, gegen alle Widerstände der Sinne, diese schlimme Suppe gelöffelt, habe ihre Wirkungen auf meine Gaumennerven mit jenem rötlichen Gift und kräftigen Essigschüben zu mildern versucht, habe zur Betäubung immer wieder Retsina, weißen Harzwein, nachgeschüttet, bis schließlich mein gierig schlürfender Gastgeber erschöpft seinen Löffel fallen ließ und somit auch mir gestattete, Abstand zu nehmen und dem großen Kostas in einer schnellen Bewegung der Erlösung meinen immer noch halbvollen Kutteltelller zuzuschieben.

Doch es hieße gewiß die Köche Makedoniens beleidigen, wenn wir unsere Erfahrungen mit griechischen Speisekarten auf dieses ausgefallene Abenteuer beschränken wollten. Vassili im Gewölbe eines alten türkischen Bades in der Altstadt würde es uns gewiß nicht verzeihen. Draußen unter den drei Tamarisken hatten wir noch mißtrauisch gezögert, überhaupt einzutreten, doch die honorige Kundschaft hinter den wackligen Tischen, die eingepfercht zwischen riesigen Weinfässern die Gläser klingen ließ, versprach nur Gutes. Eine Vermutung, die von der emsigen Großmutter hinter den zischenden Bratpfannen, wo Kalamares, Sardinen, Barsche und Muscheln schmurgelten, ohne viel Aufhebens bestätigt wurde. Ihr Sohn hinter der Theke nahm gleich die Bestellung auf, ließ den Retsina bereits in den Krug spritzen, und schon stellte uns der junge Kellner, der in seiner vornehmen Blässe einem Raffael-Gemälde entsprungen schien, voller Sammlung die dampfenden Teller auf den Tisch.

Je mehr wir uns hingebungsvoll den immer wieder nachgereichten Speisen widmeten, mit Brotresten die Saucen aus Öl, Oregano, Thymian und Tomaten aufsaugten und dabei zusahen, daß der Wein seine Kühle nicht verlor, wurden wir von unseren Nachbarn in diese *communio* des Genießens und Feierns einbezogen. Wortfetzen und Zeichensprache mischten sich in die nicht abreißenden Gesänge. Ein schmunzelnder Gitarrist zauberte mit lässiger Hand, eine Dame drehte sich klatschend im Kreis, während die Männerchöre erst wieder abebbten, wenn der *garsoni* neue Teller mit Bohnen, Peperonis, Salaten und Schafskäse heranschleppte. »Was ist mit uns?« rief Couven, und es war, als seien wir auf- und angenommen im warmen, runden Bauch dieser griechischen Tischgemeinschaft. Das Essen und Trinken hatte uns ganz einverleibt.

Diese beglückende Erfahrung war jedoch nicht nur ein Fest der Sinne, sondern auf ungeahnte Weise auch eine Ouvertüre zum Ritual des Liebesmahles, das uns auf dem Athos noch bevorstand. Wir ahnten ja noch nichts von jenen Entbehrungen, die ein Fasttag in der Karwoche nach mehrstündiger, demütigender Wanderung über Bergpfade abverlangt. Wir wußten auch noch nichts von jener Genügsamkeit, die sich in solchen Stunden einstellt, wenn ein stiller Küchenbruder mit ausgehöhlten Wangen nach stundenlanger nächtlicher Liturgie eine Scheibe trockenes Brot und einige Oliven serviert, als Wegzehrung für einen langen Wandertag in mediterraner Sonnenglut.

Auch Thessaloniki schien bei Anbruch der Woche vor dem Osterfest von diesen Beschränkungen nach einer fast vierzigtägigen Fastenzeit nicht mehr viel wissen zu wollen. Schon drängten sich im unübersehbaren Gassengewirr der Markthallen die Köchinnen und Hausfrauen, bereits Ausschau haltend nach Hammelkeulen und den schönsten Fischen der Bucht. Aus ganz Makedonien und Thrakien kamen die Bauern mit den Produkten des Landes, reiche Frühjahrsernte mit wahren Bergen von Gemüse und Obst.

Spätestens jetzt, in diesem betörenden orientalischen Dunst aus bratendem Gyros, frischem salzigem Fisch und der ganzen Kräuterpalette Südosteuropas, wurde verständlich, wie skandalös diesen von jüdischen Krämern animierten Genießermenschen von Thessaloniki das Pauluswort vom Wachsam- und Nüchternsein in den Ohren geklungen haben muß.

Das Fest der Ankunft

Wenn man aus der »Welt« kommt, ist die Überfahrt zum Athos wie eine goldene Brücke. Die Mondsichel stand noch blinzelnd über dem Hafen von Thessaloniki, als wir um sechs Uhr früh aufbrachen und in der Höhe des Flughafens in die diesige Gartenlandschaft der Chalkidiki einbogen. Bei jeder Wegbiegung verlor der Zugriff der städtischen Peripherie an Einfluß, zunächst noch einige Villen und Großkaufhäuser für nautisches Gerät oder Terracotta-Produkte, dann vereinzelt wohl zu groß geratene Discotheken, die »Big Apple« oder »Yellow Submarine« hießen, jedoch wie verfallene Landhöfe vereinsamt zwischen den Weizenfeldern standen. Am Straßenrand trippelten schon die Maultiere mit leeren Körben der Last des Tageswerkes entgegen oder schaukelten einen Bauern auf ihrem Rücken munter hin und her, seine Beine seitlich überkreuzt, die braungebrannte Hand am Sattelschaft, ein blinkendes Medaillon im offenen Hemdkragen, die abgebrannte Zigarette lässig im Mundwinkel.

Die Stadt verschwand hinter einem Bergrücken, und da waren nur noch die weiten Flächen der Felder und des Meeres, wo sich das wogende Grün und die bläuliche Glätte des Wassers in windstillen Abstufungen sanft ineinanderschoben, den Eindruck einer riesigen Tafel hinterlassend, auf der jedes Zeichen und jeder Schriftzug bis zur Unkenntlichkeit verwischt waren, so als gelte es, tabula rasa zu machen, Abschied zu nehmen von Bilderflut und Botschaften weltlichen Treibens. Wer sich auf die schmalen Straßen zum Heiligen Berg begibt, lernt erst einmal vergessen, was hinter ihm liegt. Dann ist auch die Landschaft wie eine große Absolution alles Gewesenen.

Chalkidiki, so lautet ihr wohlklingender, aufrüttelnder Name. Er hat etwas mit Erzabbau zu tun, ist aber nur noch ein Relikt ferner Vergangenheit, die sich in diesem südöstlichen Grenzland meist militärisch gebärdete. Die Spuren sind mit etwas Phantasie noch auszumachen, jedoch meist in zarter, grüner Nachsicht von den Zeiten des Niedergangs überwuchert. Ein sanfter Mantel ländlichen Friedens, der von den einst hier anrückenden Heeren nichts mehr weiß und sich in hemmungsloser Schönheit ganz seiner anderen Aufgabe zugewandt hat, blühender Aufstieg und wogender Zugang zum »Garten der Jungfrau« zu sein. Klatschender roter Mohn im Schatten ernster Zypressen, wie entfesselt blühender Oleander, dann wieder grell flammende Ginsterbüsche und das zwei Stunden ununterbrochen in schwingenden Steigungen, die immer neue Hochflächen mit dunkleren Wäldern preisgeben, deren dichte Kämme am Horizont den Himmel berühren. Noch verdekken sie den aus Kleinasien aufsteigenden Feuerball der Sonne, die in ihrer Bahn über die ägäische Inselwelt schon die Götter der Frühe gegrüßt hat und nun ihr erstes Glitzern über die Vorläufer des Festlandes ergießt. Goldpfeile zeitloser Schöpfungstage, die hier noch ungebrochen intaktes Land berühren.

Man schaut ungläubig hinab in diese Täler, wo die Wasserfontänen der Bauern wie wild schäumende Eruptionen in die Höhe schießen, im leisen Windhauch zerstäuben, Regenbogen schaffen und wieder auslöschen. Kilometerweit ein Fest unbändigen Lebens ganz eingetaucht in Wasser und Licht, ein Schimmern und Träufeln, ein Wiegen und Wachsen im kräftigen Frühlingsgrün. Nahezu menschenleer und deshalb eine Spur Gottesland.

Noch ein griechischer Kaffee, ein kräftig schubsender *helleniko,* in der Taverne, und der lange Schatten des Athos schiebt sich näher.

Höher und höher steigend, geben Wegbiegungen den Blick auf die Küsten der Chalkidiki-Halbinseln frei, die sich wie der mächtige Dreizack des Meeresgottes Poseidon in die blaue See strecken. Kassandra und Sithonia liegen schon hinter uns, während hin und wieder Agion Oros, der Heilige Berg, seine gewaltigen Konturen aufblitzen läßt. Für Sekunden die Wucht weiter Wälder, dann die Festung des Marmormassivs, der Gipfel wie ein archaisches Heiligtum unnahbar von Wolken umhüllt, dann wieder verspielte Küstenstreifen, wo in langen Reihen die weiße Brandung kleine Strände umspült und an deren Felsen erschöpft niederbricht.

Alte Spuren im Wind

Drüben in Staghira, einem der letzten Dörfchen vor der Athoshalbinsel, erhebt sich überlebensgroß die Statue von Aristoteles, der hier 384 vor Christus geboren wurde. Der Schüler Platons und Lehrer Alexander des Großen an diesem verlassenen Ort? Immerhin hat er achtzehn Jahre in dieser weltabgewandten Stille verbracht, bevor er nach Athen aufbrach, dort zwanzig Jahre der Akademie angehörte und die Welt des Geistes eroberte. Aber diese kleine Heimat am Berghang muß ihm nicht unbedeutend gewesen sein, denn nach der Thronbesteigung Alexanders kehrte er noch einmal für einige Zeit als großer Mann hierher zurück.

Findige Altphilologen haben gar sprachliche Verwandtschaften und Übergänge zwischen dem Beruf seines Vaters, des Leibarztes in Diensten des makedonischen Königs Amyntas II. und der philosophischen Sprachschöpfung des brillanten Sohnes erkannt. Biologische und medizinische Begriffe, die seinem Denken einen Hauch vitaler Lebensnähe vermitteln. Im väterlichen Haus hat er sie als frühe Impressionen und Lehren über Pflanzen und Heilkräuter empfangen. Könnte es nicht auch sein, daß diese zauberhafte Landschaft seiner Kindheit und Jugend den strahlenden Geist nachdrücklich beeinflußt hat? Soll ihn jene Meisterhand der Natur, die hier an den Hängen zum rauschenden Meer so verschwenderisch aufblüht, unberührt gelassen haben? Platanen, Buchen, Öl-, Nuß-

und Feigenbäume, Pinien und Weißtannen, Myrte, Weißdorn- und Rosenhecken. Überall Buchten und Hügelterrassen, immer wieder Kastanienwälder, Bäche und Brunnen. Aristoteles' »Metaphysik« kennt ja diesen starken, mysteriösen Gottesnamen Nus, den Jahrhunderte später Albertus Magnus und Thomas von Aquin in die scholastischen Höhen ihrer theologischen Denkgebäude aufnahmen: Gott als die reinste, immer aktuelle Form, der unbewegte erste Beweger, der als Geliebter den ganzen Kosmos in Bewegung hält.

Das, was im Mittelalter in den scholastischen Formeln westlichen Geistes Gestalt annehmen sollte, die Befruchtung des Christentums mit den tiefen Inhalten der antiken Welt, hatte kurioserweise der aus Thessaloniki flüchtende Paulus vergeblich versucht, als er auf dem Seeweg Athen und den Areopag erreichte. Von den Philosophen der Stoa und Epikurs in ein Streitgespräch verwickelt, erinnerte er daran, daß sich in der götterreichen Stadt auch ein Altar befinde, der »einem unbekannten Gotte« geweiht sei. »Was ihr nun verehrt, ohne es zu kennen, das verkünde ich euch.« Dann folgt eine flammende Rede pro Deo, ganz getränkt und beschwingt von der Sprache der Psalmen, eine um Allianzen bemühte poetische Apologie, die geschickt auch jene griechischen Dichter mit einbezieht, die von Gott gesagt haben: »Wir sind sogar von seinem Geschlecht.« Als er ihnen jedoch Christus, den Auferstandenen, predigen will, erntete er in diesem exklusiven Kreis genießerischer Gelehrtheit nur Spott: »Wir wollen hierüber ein andermal hören.« Und das Gespräch zwischen den Zeiten bricht wieder ab.

Ein deutscher Reisejournalist hat eine Winterszene aus Staghira, dem Bergnest des großen Aristoteles, festgehalten: Es ist klirrend kalter Sonntagvormittag, und die Alten sitzen schweigsam in der Taverne vor ihren weißen Schnäpsen, das gekniffene Auge auf die diesige Silhouette des Athos gerichtet. Die ständige Nähe großer Denker und zum Heiligen Berg hat diese Fischer und Schafhirten sprachlos, apathisch gemacht. Resignierend greifen sie nach den Gläsern.

Nur einige Kilometer weiter noch einmal die Spuren großer Geschichte, fast vom Winde verweht. Herodot berichtet, daß der Perserkönig Xerxes die schmale Landzunge zwischen den Ausläufern des makedonischen Küstengebirges und der Athoshalbinsel 480 vor Christus habe durchstechen lassen, nachdem zwölf Jahre zuvor ein großer Teil seiner Flotte auf dem Rückzug von Eroberungskriegen zwischen Kap Pinnes und Kap Akrathos zerschellte. In der Antike soll der kolossale Marmorgipfel nicht nur als Standort eines Jupiterheiligtums gedient haben, sondern vor allem als Orientierungspunkt und Wetterwarte, die jedoch versagte, wenn die Stürme tobten. Deshalb ließ der rachsüchtige König Tausende Söldner und Sklaven jenen strategisch bedeutenden Kanal ausheben, der oberhalb von Jerissos den strymonischen mit dem singritischen Golf verband. So breit und tief, daß zwei Triremen, uralte Kriegsschiffe mit drei übereinander angebrachten Ruderbänken, passieren konnten.

Ein kleines Hinweisschild erinnert an diesen verwegenen Kraftakt maritimer Strategie, der sich jetzt im Frühjahr noch immer als dunkler Vegetationsstreifen aus der Landschaft abhebt.

Es bleiben nur noch einige Kilometer, und ein kleines Fischernest schmiegt sich an den Hang. Ouranapolis, »Himmelsstadt«, das letzte Dorf am Ende der Welt. Von den Männern, die seit mehr als tausend Jahren hier an Bord gehen, um nie mehr zurückzukehren, wird nicht verlangt, daß sie bedeutende Krieger oder Philosophen sind. Am Ort ihrer Sehnsucht fragt sie niemand danach, welche Leistungen sie vollbracht haben, und welches der Stand ihres Wissens ist. Wenn nur die Richtung ihrer Herzen stimmt, sind sie hochwillkommen für den Rest ihres Lebens. Und diese Herzensrichtung heißt immer noch: Christus, der Gott der Zärtlichkeit und Freund der Menschen.

Die Freude der Delphine

Unsere Fähre trug den Namen der »Argonauten« und war mit jenem schnellen, fünfzigrudrigen Schiff der Mythologie, das mit den Sagenhelden von Jolkos nach Kolchos aufbrach, nicht zu vergleichen. Statt des redenden Stückes Holz aus dem Stamm einer Eiche des heiligen Haines in Dodona barg unser Schiff in seinem Bug nur profane Lastfahrzeuge, Eisenstäbe, Lebensmittel und die olivgrünen Säcke der »Postes Helleniques«. Es waren auch keine Heroen vom Kaliber des Orpheus, Herakles, Theseus oder der Dioskuren Kastor und Pollux an Bord, sondern nur eine ungeduldig drängende Schar westlicher Wandertouristen und eine Handvoll in stille Murmelgebete versunkene Mönche. Auch wäre eine weltenbewegende Liebe, wie jene zwischen Medea und Iason, einfach unmöglich gewesen, denn auf unserem durch die klare See gleitenden Fährschiff hatten Frauen ausnahmsweise keinen Zutritt.

Seitdem hier nach einer uralten Legende die Panagia die allheilige Gottesmutter, an Land ging, blieb jeder anderen Frau dieser Paradiesgarten versperrt. Unmittelbar nach dem ersten Pfingstfest, so wird erzählt und hartnäckig geglaubt, warfen die Apostel das Los, um die Missionsgebiete der damaligen mediterranen Welt aufzuteilen. Maria, die Gottesmutter, erhielt dabei den Athos und Georgien. Anläßlich einer Fahrt nach Zypern, wo sie zusammen mit dem ihr unter dem Kreuz anvertrauten Lieblingsjünger Johannes den vom Tode erweckten Lazarus besuchen wollte, geriet sie in einen gewaltigen Sturm, der sie nordwärts zum Berg Athos abtrieb. Als sie die Halbinsel betrat, seien die Götzenbilder zu Boden gestürzt, und das Orakel des Apollo habe die erschütterten Menschen aufgefordert, die Mutter des großen Christos zu verehren. Der liebliche Stoff, mit jener frauenfeindlichen Konsequenz, die gar nicht zum stillen Bild der immer demütig zurücktretenden, liebevollen Mutter des Herrn passen will, hat allerdings einen weitaus dramatischeren Ursprung, denn im Betreten des Athos durch die heilige Jungfrau erkennen die frommen Mönche die Erfüllung der Vision des Johannes aus dem 12. Kapitel der Geheimen Offenbarung. Mysteriös ist hier von einer »mit der Sonne bekleideten Frau« die Rede, die nach der Himmelfahrt ihres Sohnes in die Wüste floh. Diese Wüste aber sei der Berg Athos, der in seinem unwirtlichsten Teil, dem gefährlichen Felsenkap im Süden, »Eremos«, die Wüste, genannt wird.

So treibt unser Schiff tatsächlich einer geheimnisvollen Insel zu, die noch immer, wie hinter einem Schleier, all jene Bilder der Mythologie, Sagen und Legenden in ihren klösterlichen Kuppelkirchen birgt: die jenseits goldverzierter Bilderwände leidenschaftlich verehrte Jungfrau, die tückische Schönheit ihres Gartenreservates, die strenge, unwegsame, jäh ins Meer stürzende Steinwüste, wo sich in einsamen Höhlen und halsbrecherischen Eremitagen die Geduld kühner Beter bemüht, das »Goldene Vlies« zurückzuerobern. Unpathetisch, in der Stille des Herzens, von den Einsamen in tausendfacher flehentlicher Wiederholung aus- und eingeatmet.

So ist es eine königliche Fahrt durch diesen strahlenden Morgen, vorbei an Lichtküsten, begleitet von der ausgelassenen Freude der Delphine. Nach einer Stunde laufen wir den ersten Klosterhafen an. Immer wieder blicke ich in die zerfurchten, von Wind und Sonne gezeichneten Gesichter unserer Mönchspassagiere, die mit ihren Plastiktüten und wollenen Gebetsschnüren wie Hiobsgestalten wirken. Es ist, als ob sie diese Überfahrt verinnerlichten, ganz erfüllt davon, daß dieses Wasser, die grünblauen Wogen und spritzende schneeweiße Gischt, sogar Maria und die Heiligen getragen hat. Wieviel Hoffnung ist schon in diesen Booten nach Dafni dahingefahren?

Ein Logenplatz über der Ägäis

Jetzt hat die Fahrt entlang der Küste die prickelnde Spannung der Ankunft. Der alte Seeräubermönch verläßt den Pott im Hafen von Zografou, wo schwere Holzstämme geladen werden. Den braunen Taschensack aus grobem Leinen über die Schulter, schlägt er noch ein Kreuzzeichen in Richtung See und macht sich schon auf den Weg bergan.

In den Waldwiesen, die bis zum Meer hinabreichen, blühen Mohn und Ginster, kräftige Farbflecken im wogenden Grün. Dann in einem schmalen Tal ein einsamer Hof, Maultiere grasen im Schatten der glitzernden Ölbäume. Bienenstöcke stehen im Rund, kein Mensch weit und breit, alles eingetaucht in Frieden und Zeitlosigkeit.

Vor den Mauern von Dochiariou uralte, hohe Zypressen wie mahnende Zeichen der Ernsthaftigkeit. In den gepflegten Etagengärten stehen Obst und Gemüse. Im kleinen Wingert die geschnittenen Weinstöcke, ringsum das frisch gewürfelte schwarze Erdreich. Darüber Ölbäume, gekrümmt und gebückt von der Last der Jahre, doch in ihrem Silberglanz ein festliches Spiel für den Wind. Ein greiser Vater geht hier von Bord, die ganze Fahrt über haben sich seine Lippen unmerklich bewegt, während seine knorrige Hand die ständige Wiederkehr des Jesusgebetes am *komvoschinion,* der schwarzen Gebetsschnur, abzählte. Jetzt erwartet ihn ein hochgewachsener, jüngerer Mönch an der Klostermauer, und sie fallen sich um den Hals.

In Xenophontos wird schweres Material abgeladen, ein Trecker, zwei Laster mit Kabel, Splitt und Bausteinen. Das ganze Noviziat, ein Dutzend junger Mönche, muß anpacken. Mit flatternden schwarzen Gewändern warten sie an der Hafenmauer, bis die Fahrzeuge von Bord sind und schleppen im Akkord die schweren Eisenstäbe an Land. Noch letzte Nacht waren diese bäuerlichen Hände stundenlang im Gebet gefaltet, haben diese bartumrandeten Lippen zärtlich die Ikonen der Karwoche geküßt. Aber der Übergang ist fließend.

Als wir ablegen und Kurs auf das Russenkloster Panteleimonos nehmen, geben die Wolken erstmals den Blick auf den Athosgipfel frei. Eine wuchtige Silhouette, deren Marmormassiv sich mächtig aus den Hochwäldern erhebt. Grau und rosa die Steilwände über der Baumgrenze. Zerklüftete Abstürze, unzugänglicher Fels.

Unsere Uhr, die der europäischen Sommerzeit ohnehin schon eine Stunde hinterherhinkt, hier jedoch im Rhythmus byzantinischer Sonnenuhren völlig überfordert ist, zeigt gerade Mittag, als wir das große Rossikon anlaufen.

Grüne und gelbe Kuppeln mit goldenen Doppelkreuzen erheben sich majestätisch über dieser Klosterstadt, die vor der Oktoberrevolution 1917 zweitausend Mönche beherbergte. Alexis Hadsis, der sich hier seit Jahren auskennt, zeigt uns vom Schiff aus die ehemalige Residenz der Zaren und die berühmte Pokrovkirche im fünften Stockwerk des Klostergebäudes. Hier hoffen wir Samstag nacht die russische Osterfeier miterleben zu dürfen, und schon fädelt unser griechischer Begleiter mit einem an Bord springenden jungen Russenmönch das Nötige ein. Sein Blinzeln bedeutet: Unsere Zellen sind schon reserviert.

Eine Viertelstunde später bei der Ankunft in Dafni heißt es, keine Zeit zu verlieren, denn die Plätze in den beiden Bussen, die uns zur Erledigung der Paßformalitäten nach Karyes bringen, sind

Aufbruch zum Athos: ». . . wieviel Hoffnung ist schon in diesen Booten dahingefahren?«

Nahe Iwiron: »Nicht ihr bewacht mich, sondern ich behüte euch . . .«

knapp bemessen. Aber die Warnungen von Alexis helfen, wir kommen allen anderen zuvor und sitzen direkt hinter dem Chauffeur. Die Fahrerkanzel ist mit Gebetsschnüren und Heiligenbildchen geschmückt, so als gelte es, diese Auffahrt in das 700 Meter höher gelegene Dörfchen dem besonderen Schutz des Himmels anzuvertrauen.

Wäre nicht die Begeisterung der Ankunft, es könnte einem schon angst und bange werden. Auf dem Boden des Busses öffnen sich reihum Schlitze und Ritze, die den Straßenschotter erkennen lassen. Die Handschaltung ist wegen der starken Vibration dieses grüngelben Oldtimers mit einem Gummiband abgesichert worden. Bei zunehmender Steigung beugt sich das keuchende Ungeheuer über den Abgrund. Keine Kunst, während der Fahrt Blumen oder Zweige zu brechen, immer wieder werden sie gegen die Scheiben geschlagen. Aber wer diesen Fahrer beobachtet, muß rasch Vertrauen gewinnen, er hat diese Strecke vieltausendmal abgefahren und scheint in diesem Hang hinauf durch die Eichenwälder jeden Stein zu kennen. Lässig stützt er seinen Ellenbogen im offenen Fenster, die Zigarette verspielt im Mundwinkel, während sich die schlimme Kiste wieder einmal erschreckend dem Abhang nähert. Im Fond wird ein ängstliches Raunen laut, aber er grinst nur abgebrüht mit seinen Goldzähnen und bringt das Riesenrad des Steuers mit leichter Hand wie ein Zauberer wieder in die richtige Position.

So gebe ich es endlich auf, seine vermeintliche Nachlässigkeit wie gebannt zu fixieren und traue mir einen Blick zu, hinaus auf Wälder und See. Unten liegt schon die strenge Klosteranlage von Xeropotamou, die zwar über ein enormes Windrad und einen Computer verfügt, für westliche Gäste jedoch auf kühl abweisende Orthodoxie pocht. Aber die Gärten sind wunderschön, wie schwarze Teppiche schmiegen sich die Terrassen an den Hang, wie mit dem Lineal gezogen die langen Gemüsereihen. Weiter unten das blaue Glitzern des Golfes, und während sich unser Bus noch einmal in einer Haarnadelkurve sanft zur Seeseite wiegt, wage ich zu jubilieren, daß es wohl ein einmaliger Logenplatz hoch über der Ägäis ist, den ich hier genießen darf. Da schafft es sogar unser Chauffeur, sich fahrend umzudrehen, so als wolle er entrüstet fragen, ob wir denn etwas anderes erwartet hätten.

Der Narr von Karyes

Die Katzen von Karyes räkeln sich in der Mittagssonne, als wir, vorbei an großen Haselnußsträuchern, die Hauptstadt des Heiligen Berges erreichen. Lastenträger und Ordnungshüter, Mönche und Krämer bemühen sich gleich um die beiden Busse, von deren Dächern die Rucksäcke zu Boden purzeln. Die Pilger und Touristen haben unterdessen jedoch nur ein hektisches Interesse: Möglichst schnell in den Besitz des begehrten *diamonithirions* zu gelangen, Klosterpaß und Freibrief zugleich, berechtigt er doch zum kostenlosen Aufenthalt im gesamten Athosgebiet.

Doch so sehr sich auch die Antragsteller im kühlen Empfangsraum des *megarons,* des großen Verwaltungsgebäudes der Mönchsrepublik, drängen, sie müssen erst einmal durch die Erfahrung hindurch, daß sie soeben eine andere Welt betreten haben, die von schneller Effizienz überhaupt nichts hält, die Warten eher als Gnade denn als Pein empfindet, die nicht durch sofortige Bewältigung, sondern durch langsame Selbsterledigung die Dinge nicht abhakt, sondern gnädigem Vergessen anheim gibt.

So dürfen wir uns gleich Zeit lassen, denn die orthodoxen Gäste genießen ohnehin den Vorzug, und obendrein hat sich Alexis all unserer Empfehlungsschreiben, Formulare und Dokumente angenommen, denn es geht um die wichtige Frage, ob wir in die Gunst einer Ausnahmeregel kommen und im Gegensatz zu anderen

Westpilgern nicht nur kurzbemessene vier, sondern acht Tage Aufenthalt genehmigt erhalten. So eilt Alexis immer wieder die dreißig Stufen zum *megaron* hinauf und herunter, läßt es an Verbeugungen und Handküssen für die ehrwürdigen Mönchsbeamten nicht fehlen, verschwindet zwischendurch sogar in der Residenz des griechischen Regierungsgouverneurs, läßt uns unterdessen mit dem feinen Gespür für klassische Dramaturgie wissen, daß alles sehr problematisch sei, bis es ihm schließlich doch gelingt, uns jenes feierliche Dokument mit dem Doppeladler und den abgestempelten Steuermarken zu besorgen. Meines trägt für das laufende Jahr die Nummer 18015 und jenen wichtigen handgeschriebenen Hinweis, daß wir tatsächlich acht Tage Gastrecht genießen dürfen. Die vier entscheidenden Unterschriften sind alle vorgedruckt, aber es ist schon ein triumphierendes Gefühl, dieses schwungvolle Dokument in der Brieftasche verschwinden zu lassen. Alexis rühmt sich, sein ganzes diplomatisches Geschick ausgespielt zu haben.

Während er so verhandelte, habe ich im Schattenbogen der Hauptkirche, des Protatons, einen idealen Platz der Ruhe gefunden. Lilien, Flieder und Rosen schwingen sich um die alten Pfeiler. Der rothaarige Mönch, der eben noch zwei rauchende deutsche Touristen aus der Vorhalle des Gotteshauses verscheuchte, winkt, freundlich sitzen zu bleiben, und erklärt dann gestenreich, die angenehme Kühle verdanke ich den heiligen Petrus, Athanasius und anderen asketischen Vätern, deren Fresken die Kirchenwand schmücken. Ihre Zahl steigt im Innern dieses herrlichen Gebäudes weiter an, wo die Meisterhand von Panselinos aus der makedonischen Schule des 14. Jahrhunderts die gesamte Heilsgeschichte einzufangen scheint. Einige Mönche sind damit beschäftigt, die sakralen Geräte, Kreuze, Ikonen und den riesigen Kronleuchter für die bevorstehenden Festtage auf Hochglanz zu bringen. Aber auch ihr emsiges Schaffen und das flüchtige Hin und Her der auf ihre Papiere wartenden Pilger können diesem Raum nichts von der Wucht seiner Sammlung nehmen.

In der Mitte des Altarraumes befindet sich die vornehmste Ikone des Heiligen Berges, die der Gottesmutter geweihte *Axion estin,* von der die Legende berichtet, der Erzengel Gabriel habe am 11. Juni 980 vor ihrem Bildnis einem Novizen den berühmten Marienhymnus mit dem Finger wie weiches Wachs auf eine Marmortafel vorgezeichnet: »Es ist würdig, dich zu verherrlichen, dich, du Gottesgebärerin, die Immerselige und ganz Untadelige, die Mutter unseres Gottes.«

Zum Auftakt der Tausendjahrfeiern des Heiligen Berges brachte man diese Ikone am 17. April 1963 auf einem griechischen Kriegsschiff nach Athen, begleitet von den Vertretern der zwanzig Großklöster. Während einer Woche wurde sie dann in der Kapelle des heiligen Elefterios ausgestellt und von mehr als hunderttausend Menschen verehrt.

Als wir das Protaton verlassen, begegnen wir draußen auf dem Platz, wo in einem mächtigen Turm die auf einer Bockshaut von mehr als drei Meter Länge geschriebene Verfassungsurkunde aus dem Jahr 972 aufbewahrt wird, einer Gruppe von Mönchen. Mitten unter ihnen ein zerlumpter alter Mann mit einem ärmlichen Tragesack aus Leinen über der Schulter. Er kann kaum gehen und seine schwarzen, zerbeulten Füße stecken in durchlöcherten Latschen. Dennoch dreht sich eigenartigerweise alles um ihn. Immer wieder kommen neue Mönche und Pilger, die nach seinen Händen greifen und sie küssen. Aus seinem zahnlosen Mund, den ein gewaltiger grauer Bart einrahmt, vernimmt man nur Wortfetzen. Auch ich nähere mich und greife nach der Hand. Als ich wieder aufblicke, sehe ich für Sekunden in diese Augen: ein Meer voller Güte, Verständnis. Ein väterliches Lächeln spielt um seine Lippen, ganz leise, ganz unpathetisch, aber vielmehr als tausend Worte.

Vater Jeremias, so erfahren wir, hat mehr als vierzig Jahre in einer schwer zugänglichen Einsiedelei in der südlichen »Wüste« verbracht, bevor er jetzt, gebrechlich und alt, sein Leben in Karyes fristet. Letzte, anspruchslose, strahlende Tage, die er ohne feste Bleibe mal hier, mal dort verbringt. Von allen als »Narr in Christo« verehrt. Schreiben und lesen hat er erst spät gelernt, und sein einziger Wissensschatz sind die »Sentenzen« des heiligen Isaak von

Ninive, ein erblindeter Mönch und Einsiedler des 7. Jahrhunderts aus dem syrischen Rabban Sabor-Kloster. Mit einem Lausbubengrinsen zitiert er ihn auswendig: »Die Herzensreinheit besteht in der Liebe für die Schwachen, die fallen«, oder: »Wenn du deinen Bruder sündigen siehst, dann lege über seine Schultern den Mantel deiner Liebe.«

Als wir Karyes am Nachmittag in Richtung Ostküste verlassen, geht Vater Jeremias einen staubigen Bergpfad hinauf. Gebückt, Schritt für Schritt schleppt er sich hoch, auf seinem krummen Rükken den Sack mit dem trockenen Brot.

Der Wald und die Endzeit

Alexis lud uns ein, im kleinen Restaurant von Karyes, neben dem alten Gefängnis, eben noch eine Henkersmahlzeit einzunehmen. Karge Fastenkost ohne Öl wurde durch die Luke gereicht, ein Linsensüppchen, in dem Tomaten, Zwiebeln und Knoblauch schwammen, dazu ein Stück Brot und ein Bier, das wir jetzt, unterwegs nach Iwiron, schon bereuen. Die Sonne sticht, der ungewohnte Rucksack zwickt, die neuen Bergwanderschuhe drücken im staubigen Steingeröll.

So müssen wir unseren Rhythmus noch finden. Alexis, der Wieselflinke, immer eine Nase voraus, Couven, mit schwerem Fotogerät und entsprechenden »Knipspausen«, ein Stück zurück. Dennoch ist es jetzt gut zu gehen, nichts ist mehr rückgängig zu machen, nichts kann uns mehr aufhalten. Hinter uns auf der Höhe die Mönchshöfe von Karyes, vor uns Gärten und Wälder, die sanft zum Meer abfallen. Mannshohes Farnkraut, Haselnuß, gekrümmte Ölbäume. In blauer Ferne die Eiswände des Athosgipfels.

Dann wieder Zypressen, die immer menschliche Behausungen ankündigen, weil sie mit dem standhaften Ernst von Kerzen auf Kirchen und Kapellen verweisen. So öffnet sich auch bald der Blick auf das architektonische Ungetüm der Andreas-Skite, die ursprünglich auch *seraghion* hieß, was soviel wie Palast bedeutet. Die 1849 gegründete russische Klosteranlage ist mit großzügigen Stiftungen des letzten Zaren Nikolaus II. ausgestattet worden, aber all das Gold und Silber haben nicht gereicht, ihre Lebensfähigkeit zu erhalten. Slawenfeindlicher griechischer Nationalismus und die Oktoberrevolution von 1917 hatten zur Folge, daß sich das grandiose Kloster mit seinen grünen Kuppeln zunehmend in eine Geisterstadt verwandelte, deren letzter Mönch 1972 starb.

Die riesige, leerstehende Anlage wurde vom Kloster Vatopedi übernommen, deren Mönche zunächst einmal die Schätze und Zarenstiftungen, goldbeschlagene Ikonen, kostbare Reliquien und sakrales Gerät in feierlicher Prozession in Sicherheit brachten.

In einem Trakt der verwinkelten Gebäude wurde später die Athosschule untergebracht, eine Mischung aus klösterlichem Internat und Auslesezentrum, die bei der monastischen Skepsis gegenüber der »Wissenschaft« ein fragwürdiges Dasein fristet. Keine Spur mehr von der einst so imposanten Bibliothek mit 20 000 wertvollen Bänden. Im Klosterhof, wo zur Jahrhundertwende mehr als tausend Mönche ihr Essen einnahmen, weil die Trapeza die Massen nicht mehr aufnehmen konnte, stehen jetzt kniehoch Mohn und Margeriten. Die Zellenfenster gähnende Löcher, durch die der Wind fegt. Erst viel weiter unten, wo man aus der Entfernung den unbarmherzig nagenden Zahn der Zeit nicht mehr auszumachen vermag, erhebt sich St. Andreas wie ein Märchenschloß mit Türmen und Kuppeln aus dem Kastanienwald.

Die Russen und der Athos, solche Szenen werden uns auf dieser Wanderung immer wieder beschäftigen: Kuriose Bilder eines gestürzten Riesen, dem alle Protektion der Fürsten und Zaren nicht mehr half, als man sich in diesen gold- und edelsteinverzierten Klosterfestungen niederließ und dabei vergaß, »was des Kaisers ist«. Aber dennoch gab es auch im Schatten der Paläste unerkannte, stille Heiligkeit.

Im für den Athos so lebenswichtigen Umweltbereich dagegen vollzieht sich nach einer bis in die sechziger Jahre hinein andauernden Verweigerung des technischen Fortschritts zur Zeit so etwas wie eine »industrielle Revolution«, die nach Jahrhunderten autarken

Bauernlebens mit Jeeps, Traktoren, Unimogs, Motorsägen und entsprechenden Verkehrsinfrastrukturen nahezu furios über den Heiligen Berg hereinbricht. Schon schlängeln sich über die gesamte Halbinsel, bis hin zur abgelegenen rumänischen Skite Prodromou, oberhalb von Kap Akrathos, die Forstwege, deren Erosionsspuren den immergrünen Garten der Jungfrau wie mit einem schmutzigen Lehmkranz verzieren. Braune, erdfarbene Schleifen, die sich kilometerweit über Berg und Tal ziehen und die bange Frage aufwerfen, ob hier nicht »Jungfräulichkeit« unwiderruflich verlorengeht.

Die schweren Holzladungen, die etwa im Hafen des Klosters Iwiron verladen werden, lassen keinen Zweifel daran, daß in den Wäldern eifrig abgeholzt wird. Diesem Fluch der Mittelmeerländer hatte man gerade hier immer souverän widerstanden. Erhart Kästner, der leidenschaftliche Freund der Athoswälder, würde seinen Augen nicht trauen. Sein Wort, »wenn Geschichte ausläuft, ist es mit dem Wald auch vorbei. Wenn Macht niederbricht, stirbt der Forst«, es hat hier inzwischen beklemmende Aktualität erlangt. In der »Brunnenstube des Märchens« lärmen oberhalb von Philoteou und Karakallou die Motorsägen, im Hafen von Zografou und Vatopedi sahen wir ganze Frachtkähne, die vollbeladen mit Eichenstämmen in Richtung Festland keuchten. Der Wald als »Herkunft des Wunderbaren, Königsforst, Jagdgrund und Zaubermacht«? Man muß sich sorgen um den Athoswald, aus dem eben etwas ganz anderes kam und kommen sollte als schwere Holztransporte.

Aber wer sich in dieser kuriosen Welt umsieht, in der Alaskas Eismeere von der Ölpest heimgesucht werden und deren Sprühdosen-Treibgas längst den kosmischen Frieden durchlöchert hat, wird längst wissen, daß auch das Ende der Reservate angebrochen ist. Darüber macht man sich auf dem Athos keine Illusionen, mehr noch, man fiebert diesem entscheidenden Zeitbruch ruhelos entgegen. Es bleibt unter den Mönchen in vertraulicher Solidarität meist unausgesprochen, aber die entsprechenden Prophezeiungen sind auch in der entlegensten Einsiedelei bekannt. Da gibt es einen uralten Weinstock im Serbenkloster Chilandar, in Karyes ist es eine bedeutende Eremitage, die in ununterbrochener Folge seit Jahrhunderten bewohnt wird, und im Ibererkloster Iwiron wird die wunderwirkende Portaitissa-Ikone aufbewahrt. Aber, so heißt es mit einem seligen Lächeln: Wenn der Weinstock von Chilandar verdorrt, wenn in Karyes der letzte Einsiedler stirbt, und die Portaitissa aus Iwiron verschwindet, dann, ja dann bricht endlich das ersehnte Ende der Zeiten an.

Doch auch in diesem Frühling treibt der Wein im Waldkloster des auch im Westen verehrten geistlichen Vaters Mitrofan verschwenderisch Reben, die Einsiedelei von Karyes bleibt nach wie vor von asketischen Kandidaten umworben, und der Portaitissa-Ikone gilt uneingeschränkt die liebevolle Obhut der Mönche von Iwiron. Kein Grund also zu übereilter Endzeitsorge, und so mancher junge Athosmönch in den gebildeten, aufstrebenden Gemeinschaften von Stavronikita, Prodromou oder Simonos Petras wagt bei soviel Legendengläubigkeit zaghaft zu lächeln. Hat man auf diesem Berg im Laufe von mehr als tausend Jahren neben anderen, sehr menschlichen Versuchungen nicht etwa den existentiellen Herausforderungen römisch-katholischer Kreuzfahrer-Plünderei oder der Türkenherrschaft standhaft getrotzt? Sollte man sich gerade hier nicht etwas Zuversicht zutrauen dürfen, den Anschluß an das junge Zeitalter der Ökologie und Ökumene doch noch zu schaffen, wenn es sein muß mit der unvermeidlichen Verspätung einer byzantinischen Sonnenuhr?

Das Gold der Pförtnerin

Am späten Nachmittag, als wir in Iwiron ankommen, wird die Sonne gnädiger. Maultiergebimmel im Klosterhof, die Schlepparbeit im Hochwald ist für heute getan, die Hufe trappeln ausgelassen auf dem harten Grund. Früher Feierabend, auch der alte Gärtner kehrt bereits von den Beeten heim, die Spitzhacke mit den blinkenden Zacken auf der Schulter. Neben ihm, wie eine mittelalterliche Illustration von »ora et labora«, ein junger Mönch mit blassen Asketenwangen, beide im Gleichschritt innig einander zugewandt.

Diese Szene intensiver Ankunft wäre unvollständig, plätscherte nicht Brunnenwasser in ein großes Steinbecken, glasklar, eiskalt. Nach zwei Stunden des Weges durch die Hitze greifen wir immer wieder nach der blechernen Schöpftasse. Ohne die kleine Mühsal des Marsches wäre dieser späte Nachmittag von öder Langeweile, aber jetzt, im Schatten des dunklen Torbogens, der ins Klosterinnere führt, erfrischt von den Wasserspielen, beginnen die Dinge zu vibrieren.

Gleich wird greifbar, daß es ein Haus glühender Marienverehrung ist, das wir soeben betreten, und von den ersten Eindrücken des zur Entspannung einladenden, ruhiger werdenden Tages bleibt die Reinheit des Brunnenwassers die stärkste. Es ist ganz einfach. Im

Glanz von Licht und Wasser beginnt sich die Last des Tages zu mildern.

Soll man es Trost oder Labsal nennen, obwohl alles ringsum so anspruchslos schlicht war? Doch es schien, als ob das tiefe Schöpfen aus dem gurgelnden Überlauf des Beckens auch eine heimliche Verbindung zur »immer heiligen Pförtnerin« dieses Klosters herstellte. Flüchtig, wie ein Begrüßungswink, aber rein und stark ans Herz greifend. Jetzt verstand ich, daß man auch zu Tropfen sagen kann: Auf Wiedersehen.

Das uralte Ibererkloster ist zur See hin ganz geöffnet, so als traue man diesem Meer und dieser Küste noch andere Zeichen zu als die bereits geschenkten. In dieser breiten Bucht soll die Gottesmutter einst auf ihrer Irrfahrt zwischen Zypern und Ephesus an Land gegangen sein. Hier ist auch der Ort jener Ankunft einer wundertätigen Ikone, die eine fromme Witwe aus Nizäa zur Zeit des Bilderstreits im Rausch einer Vision der Ägäis anvertraute. Aufrecht in der See treibend, wurde das Muttergottesbild, von Flammen umgeben, vom nächtlichen Kloster aus gesichtet. Aber die Ikone entschwand immer wieder den ihr entgegensegelnden verängstigten Mönchen, bis sie schließlich der schweigsame Einsiedler Gabriel an Land holte. Aber selbst in der Hauptkirche, dem Katholikon des Klosters, ließ sie sich nicht festhalten, sondern kehrte jeweils an einen bescheidenen Platz an der Pforte zurück. So lautet die einleuchtende Botschaft bis zum heutigen Tag: Nicht ihr bewacht mich, sondern ich behüte euch.

Seit jener Zeit wird dieses Marienbild in der gesamten Orthodoxie als »Portaitissa«, das heißt Pförtnerin, verehrt, und die Mönche von Iwiron, die schon längst keine Georgier mehr, sondern Griechen sind, halten viel darauf, über die von der Ikone bewirkten Wunder zu berichten. So wird etwa jener schwarze Fleck auf ihrer Wange mit einem Schwerthieb erklärt, den ihr ein sarazenischer Eindringling versetzte. Aus dem Holz sei Blut gequollen, das den fremden Krieger dermaßen entsetzte, daß er als Novize um Aufnahme bat.

Er wird bis heute als heiligmäßiger Vater Barbaros in der Chronik erwähnt.

Kaiserin Katharina die Große hat die geheimnisvolle Ikone in den Adelsstand erhoben und mit einem russischen Ordensstern ausgezeichnet. Auf ihre Fürsprache führen die Mönche die Befreiung Iwirons nach einem Überfall persischer Seeräuber zurück. Bei Hungersnot sowie bei der Heilung der Tochter des russischen Zaren Alexis Michailowitsch soll ihre sanfte Hand im Spiel gewesen sein. Die weinende Portaitissa erschien nach einem Bericht des Erzbischofs Jakobos an den Ökumenischen Patriarchen auch in den USA. Sogar die plötzliche Beendigung einer Feuersbrunst bei Sparta im August 1960 wird mit ihrer Anrufung erklärt.

In anderen Legenden heißt es, der Apostel Lukas habe sie eigenhändig gemalt, sie stelle somit ein originalgetreues Abbild der historischen Mutter Mirjam von Nazareth dar. Eine Kopie wurde von den Mitgliedern der Zarenfamilie Romanoff unweit der Kremlmauer in Moskau verehrt, bis zum heutigen Tag brennen vor der jetzt in der Auferstehungskathedrale befindlichen Ikone Tag und Nacht Kerzen. Der russische Philosoph Iwan Kireevskij bekehrte sich unter dem Eindruck dieser spontanen Devotion zum Christentum. Wörtlich schrieb er: »Sie umfing dieses einfache Volk mit einem Blick voll Mitgefühl und Liebe... Ich fiel auf die Knie und betete, das Herz ganz zerknirscht...«

Atemlose Spannung also ringsum, als uns ein greiser Mönch die Türe zur Portaitissa-Kapelle endlich öffnet. Zwanzig edelsteinbeschlagene Leuchter brennen vor dem Bild, deren Flimmern sich matt in der Silberfassung der Ikone spiegelt. Nur noch das Antlitz Mariens ist zu erkennen. Kerzen und Öllichter haben es mit einem schwarzen Teint überzogen. Die Brust ist mit Goldmünzen bedeckt, das Kopftuch schimmert dunkelrot. Man wagt nicht aufzutreten, reiht sich ein, ihr den Mund entgegenzustrecken zu einem fassungslosen, demütigen Kuß.

Aber so sehr die Begegnung im Halbdunkel der mysteriösen Kapelle auch berührt, das nachfolgende Erlebnis draußen am Meer blieb das bewegendere, weil ganz frei vom historischen Ballast kaiserlicher Gunsterweise und exaltierter Legenden. Alexis führte uns vorbei an einem steinigen Küstenstreifen zu jener Stelle, wo Maria erstmals Athosboden betreten haben soll. Tatsächlich sprudelt hier, nur eine Handbreit vom Meer entfernt, klares Süßwasser aus einer Quelle. Einzeln müssen wir in diesem Kellergewölbe zu der Stelle vorkriechen und uns zum Beckenrand hinunterbeugen. Feuchter Fels und schallende Schritte. Dieser Ort birgt die Spannung des Authentischen, man möchte ihm Glauben schenken, und gierig tauche ich meinen Kopf in dieses Wasser, dessen Eiseskälte mir den Atem verschlägt und mich erzittern läßt, so als sei das Himmelsboot mit der Feuersäule erneut in den Fluten vor Iwiron aufgetaucht.

Die große Liebe des jungen Mathaios

Als wir endlich den Weg nach Stavronikita gefunden hatten, stand uns die schönste Stunde des Tages bevor. Es ist ein schmaler Küstenpfad steil über dem Meer. Mal führt er hinab ans rauschende Wasser, dann wieder hoch, über Klippen und Felsen. Aber die Sonne versinkt ganz langsam hinter dem grünen Bergrücken und taucht alles in befreiendes Abendlicht. Vor uns die Klosterfestung von Stavronikita, auf einem mächtigen Felsklotz sechzig Meter hoch über dem Meer. Bald erscheint sie ganz nahe, dann aber verschwindet sie wieder wie ein Fabeltier hinter einem Felsvorsprung. Der Pfad ist schwierig und an manchen Stellen, die in weiser Voraussicht dunkelrot gezeichnet sind, nicht ungefährlich. Aber das Ziel der Wanderung ganz nahe wissend, nehmen wir in diesem milden Licht nahezu schwungvoll die Hindernisse. Tief unten in den Buchten gurgelt das Meer, manchmal nähern wir uns dieser Brandung und spüren die Kühle aus Seewind und stäubender Gischt.

Im einsamen Hafen des landeinwärts in der Nähe von Karyes gelegenen Klosters Koutloumissiou bewohnt ein großer alter Mönch eine Turmruine. Das Gärtchen hat er noch liebevoll gepflegt. Vom Felspfad zum Eingang führt eine riskante Brücke aus Holzplanken. Der Hund schlägt an, und schon steht der Alte im Türrahmen. Lächelnd, gütig, hilflos. Eine großartige Figur auf diesem wackligen

Vorposten hoch über dem Meer, aber als Couven seine Kamera zückt, hebt er abwehrend die Arme und verschwindet wieder in seine Zelle.

Jetzt nähert sich der Küstenweg einem dichten Wald aus hochwachsender Macchia: Weißdorn, Smilax, Myrte und wilde Rosen, alles schimmernd, glitzernd in der Abendsonne. Dann ein Hohlweg mit federndem, leichtem Boden, Lorbeer- und Efeuranken, wir sind ganz nahe. Ein Kreuz mit der Jahreszahl 1982 und ein Gartentor führen hinein in die Terrassenbeete des Klosters. Nach diesem Marsch über Klüfte und Meeresrauschen ein Bild tiefer, in sich ruhender Harmonie. Aus einer Kapelle tönt Mönchsgesang, *kyrie eleison,* immer wieder. Wasserfontänen spritzen in die Gemüsegärten, die in geschwungenem Gleichmaß wie von Meisterhand angelegt sind. In Reih und Glied die geschnittenen Obstbäume, die schwarzen Weinstöcke in frisch geharktem Erdreich. Aus einem Schuppen tritt im Unterhemd ein Landarbeiter hervor, er hat sich gerade frisch gemacht für den anspruchslosen Feierabend und reibt sich mit einem Handtuch zufrieden den Nacken. Auf dem Weg zur schweren, eisenbeschlagenen Klosterpforte schließlich der berühmte Aquädukt, vom walachischen Wojewoden Serban eigens errichtet, um die Gemeinschaft »über Wasser zu halten«. Bis zum Rand gefüllte, im Lichtbruch schwarz leuchtende, spiegelglatte Becken.

Es gehörte zu den kleinen, sensiblen Interventionen von Alexis, uns in diesem als streng und bisweilen gar abweisend wirkenden Kloster rechtzeitig anzumelden. So werden wir vom jungen Archondaris, dem für kontrollierte Gastlichkeit zuständigen Vater Serafim, herzlich empfangen. Ein Lächeln schenkt er zunächst und dann jene traditionelle athonitische Begrüßungsgeste, dargereicht auf obligatem Silbertablett: einen heißen Kaffee, ein Glas Wasser und den süßen in Staubzucker gewürfelten *loukoumi.* Das ansonsten übliche Rakischnäpschen fällt diesmal dem unerbittlichen Fastenreglement zum Opfer.

So sitzen wir im Schatten von Weinranken auf dieser noch warmen Steinterrasse über dem Meer, die offene Klosterpforte vor Augen,

Bei Konstamonitou: »Dann in einem Taleinschnitt ein einsamer Hof . . .«

Kloster Stavronikita: »Wer in seinem Leben möchte sie missen, diese Nacht?«

umgeben von Paradiesesgärten, am leuchtend blauen Himmel der Übermut der Schwalben, ringsum in den Büschen und Beeten das Gepiepse und Gezirpe des Abends. Der junge Mönchschor hat seine Festtagsprobe beendet und bekreuzigt sich vor der Schutzikone des heiligen Nikolaus. »Noch einen Kaffee«, so beugt sich Serafim diskret vor, und sein Blick bedeutet auch, daß er die erschöpfte Freude dieser Ankunft längst erspürt hat. So strecken wir die Beine aus und sagen kein einziges Wort. So glücklich waren wir in Stavronikita.

Vor vierzehn Jahren verbrachten wir hier ebenfalls unsere erste Klosternacht. So kommt man nicht ohne Erinnerung, wobei das Gute überwiegt und sich nach Wiederholung sehnt. Damals war noch viel zu sehen von jener strengen Aufbruchstimmung, die nach der Neubesiedelung im Jahre 1968 die alte Mönchsfestung erfüllte. Der bislang hier übliche idiorhythmische, das heißt individuelle Lebensstil, der gar persönlichen Besitz erlaubte, war einer ganz auf asketischem Gemeinschaftsleben ausgerichteten könobitischen Regel gewichen, ständig angefacht von einem viel fordernden geistlichen Vater.

Unvergessen bleibt eine Nachtstunde draußen auf den schmalen Holzgalerien hoch über dem Meer. Aus dem Katholikon stieg dumpf das Gemurmel der Beter herauf, während unten im Hafen ein tuckerndes Fischerboot mit schwachen Positionslichtern bereits zum Fang auslief. Südwind wehte, und über der mächtigen Silhouette des Athosgipfels funkelten die Sterne. Damals notierte ich überwältigt: »Wer in seinem Leben möchte sie missen, diese Nacht?«

Stavronikita war in den sechziger Jahren, ähnlich wie das ebenfalls von Russenmönchen bewohnte St. Panteleimonos sowie die Skiten des heiligen Andreas und des Propheten Elias, dem Aussterben nahe. Ein mehr als bitteres Los des im Jahre 1012 erstmals urkundlich erwähnten Klosters, das weiß Gott, Höhepunkte und Niedergang wiederholt erlebt hat. Im Jahre 1533 für 4000 Silberlinge vom benachbarten Kloster Philoteou zum Kauf angeboten, wurde es bald kräftig gefördert. Vor allem der Patriarch Jeremias von Konstantinopel sowie die auf dem Athos großzügig spendenden Fürsten der Walachei waren es, die all das an Bau- und Kunstwerken ermöglichten, was Stavronikita bis zum heutigen Tag so sehens- und liebenswert macht.

Der große Meister der kretischen Schule, Theophanes Strelitsa, konnte, unterstützt vom spendablen Patriarchen und seinem begabten Sohn Simeon das enge Katholikon mit Szenen der ökumenischen Konzilien, mit Fresken des Beschützers Nikolaus von Myra sowie des Pantokrators nach Herzenslust ausmalen. Dieser Zyklus galt nach der umfassenden Restaurierung von 1963 als die besterhaltenste Arbeit des genialen Kreters.

Die Gemeinschaft war indes nie besonders groß, geriet jedoch Mitte des vergangenen Jahrhunderts, als sich der rumänische Nationalstaat bildete, und das reiche Landgut des Fürsten Alexander Ghica verlorenging, in schlimme finanzielle Bedrängnis. Eine Entwicklung, die durch die russische Revolution dann zunehmend dramatische Ausmaße annahm.

Aber »dramatisch«, so lächelt Vater Serafim, der uns eine bescheidene Zelle im ersten Stock zuweist, in der bereits ein junger Grieche melodisch schnarcht, sei auf dem Athos nichts, außer »die Unfähigkeit, seine Seele zu retten«. Dächer und Balkone, Küche und Keller, Bibliothek und Backstube, die vor zwanzig Jahren, als die russischen Greise wegstarben, dem Zerfall preisgegeben schienen, sind längst vorbildlich wiederhergestellt. Mehr noch: Dem guten Ruf einer soliden, spirituellen Gemeinschaft konnte Stavronikita durch die Aufnahme von neuen Mönchen aus nichtorthodoxen Ländern für den traditionsverliebten Athos nahezu abenteuerliche, zukunftsweisende Akzente hinzufügen.

Einem dieser Jungen, dem blauäugigen Mathaios, begegne ich nach dem Essen im Friedhofsgarten. In der alten, ebenfalls von Theophanes mit Abendmahlszenen ausgemalten Trapeza haben wir im Halbdunkel schweigsam Tomatensuppe, Brot und Oliven zu uns genommen. Jetzt will er von mir wissen, ob diese karge Fastenkost nicht zu schwer sei und »das Gebet lähme«. Doch auf meine Gegenfrage, wie er denn mit leerem Magen die stundenlange nächtliche Liturgie in ungestörter Andacht durchstehen wolle, antwortet er kurz angebunden, ihre Askese habe mit Moralismus nichts zu tun, »das Gegenteil der Sünde ist nicht die Tugend, sondern der Glaube.«

Erstaunt höre ich ihm zu, und während über den Zinnen die Sterne zu leuchten beginnen, wird es ein unvergeßliches Nachtgespräch, das in unserer englischen Verlegenheitssprache wiederholt von *love* handelt. Alles stehe und falle mit der Demut, so der flüsternde Mönch im schwarzen Gewand, »wir sind berufen, aktiv, wachsam, heldenhaft zu sein«, spüre ich seine Stimme ganz nahe, »aber diese Tugenden können ohne die Gaben des Geistes jederzeit umkippen. Nichts gehört uns, nichts ist unser Verdienst.« Natürlich kennt er seine heiligen Bücher auswendig und zitiert den großen Vater der Ostkirche, Gregor von Nyssa, mit den Worten: »Am Abend seines Lebens wird der Mensch nur nach seiner Liebe beurteilt.«

Love, da ist es wieder, das klangvolle Zauberwort dieser Welt, und wen wundert es an diesem Ort, im salonikischen Schatten, daß der junge Mathaios auch den alten Paulus bemüht, der vor dieser Küste abenteuerlich kreuzte und von der »Beschneidung des Herzens« predigte. So schlußfolgert der Mönch, der nachdrücklich betont zu wissen, wovon er spreche, die Jungfräulichkeit des Fleisches könne nur das Programm einer Minderheit sein, die »Jungfräulichkeit des Herzens« jedoch die Aufgabe aller. In einem Hochstand orthodoxer Begeisterung sagt er: »Die fleischliche Sünde ist eine Sünde des Geistes gegen das Fleisch« und empfiehlt den Erzengel Raphael, was soviel heiße wie »Heilmittel Gottes«. Dann geht er augenzwinkernd gar soweit und übersetzt *great love* in die alte Feindessprache der verhaßten Lateiner: *amor magnus.* Ja, in jeder großen Liebe sei ein Wesenskern Keuschheit, die ihre Glut am »Feuer des Ewigen entzündet«. Dann huschte er durch den Garten, und über Stavronikita brach die Stille der Nacht herein.

Die Nacht der Jungfrau

Wie ein Lockruf drang die Stundentrommel in meinen Schlaf. Vierzehn Jahre hatte ich das Simandron, jenes alte Instrument athonitischen Weckens nicht mehr gehört, aber es war, als habe es diese Zeitspanne nicht gegeben. Ganz vertraut kam der hölzerne Klang, wie selbstverständlich bemächtigten sich seine tänzelnden Wiederholungen der erwachenden Sinne. Die Tür unserer engen Zelle stand offen und ließ das wechselnde Spiel dieser Appelle ungehindert eindringen. Ohne den Mönch mit Hammer und Brett zu sehen, konnte man seinen dunklen Weg über Klosterhof, Treppen und Galerien verfolgen. Mal nah, mal fern, mal oben, mal unten, so klang es ununterbrochen durch die Stille der Nacht. Geschmeidig verstand es der schnelle Trommler, sein sonores Hämmern zu variieren, so, als kenne er die unterschiedlichen Mühen seiner Brüder beim Aufstehen. Bisweilen ganz leise für die bereits Wachen und im einsamen Gebet Versunkenen, dann wieder kräftig und aufmunternd für die Müden und Unausgeschlafenen. Obwohl kein Zweifel daran bestand, daß es endlich aufzustehen galt, waltete dennoch eine Art nachsichtiger Diskretion, die darauf verzichtete, zu dieser Stunde wie ein unerbittlicher Tambourmajor auf dem Kasernenhof das Letzte aus dem Holz herauszuholen. Vielmehr wurde bei diesem Schlagen eine subtile Rücksicht mit den Schwachen laut, für die schließlich, nachdem das Trommelbrett eine Zeitlang im Abgrund der Nacht wieder verstummt war, eine barmherzige Zugabe erfolgte. »Noch eine letzte Runde Brüder, aber jetzt ist es höchste Zeit: auf, auf, dem Herrn entgegen.«

So höre ich, bereits hellwach auf meinem Feldbett, ihn kommen und gehen, bis sich das mitreißende Spiel des Simandrons, leiser, immer leiser werdend, endlich aufgibt. Sternenhimmel über den Steindächern von Stavronikita, kühler Nachtwind im Hof. Die sparsam in den Bogengängen plazierten Öllampen werfen ein flüchtiges Licht. Schritte über Marmorplatten und Holzgalerien. Am schwachbeleuchteten Waschbecken blicke ich erschrocken in das blasse Kummergesicht eines Vaters, das strähnige Haar noch in der Stirn, der nächtliche Trommler hat ihn böse erwischt. Wenn die schwere Türe zum Katholikon sich öffnet, fällt immer wieder ein Spaltbreit Licht in den Hof, und hinausströmt ein Anheben von Gesang, eher nasale Rufe, würde man meinen, Lockerungsübungen asketischer Athleten, die sich aufwärmen für lange, geduldige Runden durch die Nacht.

Im Gegensatz zu meinem Besuch vor vierzehn Jahren stört sich keiner der Mönche an der Anwesenheit des nichtorthodoxen Fremden, man weist mir gar einen Platz zu, ergreift im Halbdunkel sanft meinen Arm und führt mich ins Gestühl, wie ich es immer schon liebte, unbeobachtet, unbehelligt diese Nähe zu teilen: Ganz tief in der Ecke der kleinen Kirche neben einem alten Vater, der sein Gesicht in den Händen vergräbt, so als schäme er sich der Tränen. Dieses glatte, braune Gestühl im warmen Bauch der Kirche, ganz angeschmiegt an die Fresken, die Heiligen und Wüstenväter wie vertraute Nachbarn. Im Laufe Tausender Gebetsnächte abgeschliffenes Holz, wie auf Taille geschnitten, mit Stützen und Klappsitz ein geniales, einfaches Möbelstück für das »einzig Notwendige«.

Stavronikita darf sich rühmen, das kleinste Katholikon der Athosklöster zu besitzen, aber diese verwinkelte Enge hat ihr eigenes Gewicht, das mit gedrungener Kraft ganz einfängt, hält und schützt. So tragen sich selbst die Gegensätze von Höhe und Tiefe, die goldglänzende Bilderwand und der archaische Steinboden, die Wucht der Freskenwände und die arabisierenden Schwünge der Lesepulte.

Mein Gartenfreund Mathaios beugt sich jetzt über die hier ausliegenden heiligen Bücher, fingert gewissenhaft die richtige Stelle im Psalter der Nacht zum Mittwoch in der Karwoche herbei, die er dann doch mit einem wehmütigen Blick auf die Muttergottes-Ikone auswendig zu rezitieren beginnt. Wer kennt ihn hier nicht, den Misereresschrei des Königs David nach dem Fall mit der Frau des anderen? So sehe ich ihn beten, die blauen Augen auf die Trösterin gerichtet, die das Kind hält. Ich würde ihn jetzt gerne befragen nach dieser schlimmen *love affair* aus dem alten Buch, und es ist, als ob seine leise Trauerstimme schon antwortete: »Wasche mich bis auf den Grund von meiner Schuld, von meinen Sünden reinige mich.« Mit leichten, die Worte bekräftigenden Kopfbewegungen sein monotones Flehen: »Ein zerknirschter Geist ist mein Opfer, o Gott; ein Herz, das zerknirscht und gedemütigt ist, Gott verschmähst Du nicht«. Dann wirft er sich wie im Sturz zu Boden, man vernimmt förmlich das auf den Steinen zusammenbrechende Geräusch der schwarzen Gewänder, und die Väter eilen an die heilige Pforte, verbeugen sich mit Küssen und tiefen Kniefällen vor dem Bild der Jungfrau. Sie ist die Hochverehrte, Immerreine, Würdevolle dieser Nacht, die bald als »Feindin der Schlange« Gefürchtete, bald als »Sitz der Weisheit« und »mit Sonne bekleidete« Gefeierte. Allein ihre Nähe läßt alle in den Schlitzen und Ritzen dieses heiligen Klosters fauchenden Dämonen erschrecken. Jenes von den kretischen Meistern so zärtlich gemalte Kind ist ja nicht etwa Gegenstand einer rührenden Szene, sondern erzitternder Nachweis der Menschwerdung. So singen sie der Mutter im Schein der Kerzen und Öllampen den uralten Hymnus der Ostkirche: »Du hast den Sohn ohne Vater zur Welt gebracht, diesen Sohn, der aus dem Vater geboren wurde ohne die Mutter.«

Da sind wir dem Grund aller Dinge ganz nahe gekommen, und diese unvergeßliche Nacht der Jungfrau lehrt vor allem ihre Zustimmung, ihr Einverständnis, ihren Glauben, ohne den in diesem

Befreiungsdrama nichts gelaufen wäre. Ihre Mittäterschaft, Komplizenschaft, Blutsverwandtschaft im atemberaubenden Spiel der Erlösung hat dieses unscheinbare palästinensische Mädchen als ersten Menschen den letzten Sinn der Schöpfung erkennen lassen. In ihr, so dichtete Dante, hat Gottes Schöpfung endlich ihr Ziel erreicht: *Termino fisso d'eterno consiglio.*

Wie sehr dies zugleich geheimnisvolle Geschichte und Gottes Geschenk an jeden Menschen ist, dafür erteilt der Athos seit mehr als tausend Jahren erschütternde Lektionen konsequenten Vertrauens. Deshalb sind diese unaufhaltsamen Gesänge, Gebete, Küsse und Kniefälle, dieses Nacht für Nacht geübte Hinwerfen vor dem Bild der Mutter mit dem Kind nichts anderes als irre Liebeserklärungen, und, ganz benommen von diesem Tanz in der Stille, diesem Kerzenspiel der Zärtlichkeiten, diesem nüchternen Rausch strenger Hingabe, der mit knöchernem Trommelwirbel begann und jetzt im leisen Anbruch des Tages zu erlischen beginnt, fallen mir die Worte des jungen Mathaios vom Vorabend wieder ein: Daß in jeder großen Liebe »ein Wesenskern Keuschheit« sei, eine Reinheit, die in der griechischen Sprache soviel wie »Integrität«, »unberührt bindende Kraft zur Einheit« heißt. So wie jetzt die noch immer nicht ermüdeten Väter zusammengepfercht im goldglühenden Katholikon von Stavronikita weitersingen: »Du immerreine Gottesmutter, durch Deine Liebe stärke unsere Seelen.«

Die Stunden sind unbemerkt verstrichen. Als ich die schwere Eisentüre endlich öffne und das Gotteshaus verlasse, glitzert draußen bereits die Frische des frühen Morgens. Schwarze Nachtvögel steigen aus dem Turm und flüchten in diesige Höhen. Die Öllampen des Stundentrommlers sind noch nicht gelöscht, und auf den Rosenblättern im Klosterhof glitzert der Tau.

Die Tücken der Zärtlichkeit

Serafims Wegzehrung ist spartanisch. Man muß schon geduldig warten, um an diesem Morgen vor dem fünfstündigen Fußmarsch nach Vatopedi einen kleinen *helleniko* zu ergattern, aber dann erbarmt der Gastpater sich doch, öffnet noch einmal die Trapeza mit den dunkel leuchtenden Fresken Theophanes', wo es dann sogar ein ehrbares Frühstück mit Brot und Tannenhonig aus der klösterlichen Imkerei gibt. So verlassen wir Stavronikita, in jeder Hinsicht gestärkt. Noch einen Blick auf die Gärten, auf das Meer und den Berg und schon geht es schwer bepackt in den Wald, der bald höher und höher steigt und alle edlen Gedanken schwungvollen Aufbruchs auf ein strenges Maß unausweichlicher Anstrengung zu reduzieren beginnt. Hatten wir beim Start noch einige Mühe, im Dickicht den richtigen Pfad zum nächstliegenden Kloster Pantokratos zu finden, so erweist sich Alexis beim Anstieg als durchtrainierter Sportler, der uns wie eine Gazelle davoneilt. Bei dem Tempo, das er über Stock und Stein zulegt, sieht man ihm nicht an, daß frühmorgens beim Erwachen sein erster Griff der Zigarettenschachtel gilt. Couven und ich dagegen bekommen jetzt erst einmal die Strapazen des gestrigen Tages zu spüren, schon beginnt die Sonne zu stechen, das Dornengestrüpp zerkratzt die Arme, und die ganze Schönheit dieser langgestreckten Küste, mit dem schneebedeckten Athosgipfel im Süden und den blauweißen Buchten im Nordosten, der Blütenpracht am Weg und dem ausgelassenen Zwitschern in der Luft, sie zerrinnt unter der Last des Anstiegs. Aber es ist der Preis, den jeder zahlen muß, damit über das, was der Athos ist, keine Mißverständnisse und Illusionen entstehen. Nicht nur, daß jede Ankunft auf dem Berg die Mühsal hundertfach lohnt, mehr noch: Sie lehrt auch ein klein bißchen davon, was die Mönche tatsächlich in diesem Paradiesgarten an körperlichem Einsatz leisten müssen, wenn sie hier mit doch mehr als bescheidenen Ansprüchen bestehen wollen. Harte Wald- und Gartenarbeit, lange Wanderungen über schwierige Bergpfade, das ist die tagtägliche Realität. Sie eignet sich, bei aller verschwenderischen Schönheit, nicht für Idylle und wäre somit ein glaubwürdiges Pendant zu den noch mehr fordernden inneren Aufstiegen und Gratwanderungen, die in der Einsamkeit der Zellen immer wieder aufs neue unternommen werden. In den Apophtegmata Patrum, den alten Sprüchen der Mönchsväter aus der ägyptischen Wüste, die von vielen Betern auf dem Athos buchstäblich nachgelebt werden, sagt es Johannes Kollobos in unpathetischer Nüchternheit: »Was ist der Mönch? Mühsal, nichts als Mühsal ist der Mönch.«

Ganz bedrückt von meinen kleinen Leiden, kommt mir unterwegs, nach dieser nächtlichen marianischen Liturgie, der ständige Streit unserer westlichen Theologen und ihrer amtlichen Aufpasser in den Sinn. Jene verbitterte Dame, die mit geschminkten dünnen Lippen im Fernsehen die Jungfrauengeburt so lieblos anfocht, oder jene Zensoren, die in den Hinterzimmern ihrer Unterkommissionen eifernd die Liebe verraten: Man sollte sie alle hierher schicken und über den Berg treiben, schwer bepackt mit der Last ihrer aufdringlichen Bestseller und listigen Expertisen, nur einige Stunden, nur bis zur nächstgelegenen Kapelle, und es würde wieder bald Frieden sein.

Als wir nach knapp zwei Stunden aus dem Wald treten und vor uns auf dem Felsen das Kloster Pantokratoros erblicken, schwindet alle innere Unruhe. Es ist noch früher Morgen, zwei Mönche graben in den Gärten. Ganz still die Höfe und Ställe längs des Pfades, der hinauf zur russischen Skite des Propheten Elias führt. Maultiere grasen im Schatten unter den Bäumen. In der Tiefe des glasklaren Hafenbeckens erkennt man die kleinsten Kieselsteine. Außerhalb der Klostermauer plätschert ein Brunnen, von dem die Legende erzählt, er habe beim Ikonenwunder der Gerontissa-Madonna eine besondere Rolle gespielt. Wenn die Anstrengung groß war, werden die Dinge ganz dicht, einfach, elementar, und wir empfinden diesen Morgen in Pantokratoros wie eine betörende Frische, sie lädt zur Gelassenheit. Jetzt erst einmal den Rucksack absetzen, die Beine ausstrecken, nur kein Programm, kein Zeremoniell, keine Pflichten. Und tatsächlich, es drückt und drängt auch niemand, der Gastvater läßt sich nicht blicken, die weißen Balkone sind menschenleer. Der gekälkte kleine Hof steigt schräg zum dunkelroten Katholikon, und in den Bäumen leuchten kräftig die Orangen.

So bleibt allein der Eindruck jener großen Ikone über dem Portal, die dem Kloster seinen Namen gab, Pantokratoros, der Allherrscher, der in dieser frühen Ereignislosigkeit seinem Anspruch alle Ehre macht. Ein reifer, strenger Christus mit vollem Bart und dichtem Haar, mit Kreuznimbus und Faltengewand, seine Linke drückt das Evangelienbuch an die Brust, die Rechte spendet den Segen. Ja, es ist so, als sei das Symbolspiel dieser Hand die einzige Bewegung im weitläufigen Kloster. Sie soll mit den aneinander gelegten Fingern zugleich Dreifaltigkeit und Inkarnation bezeugen und die Tradition des Ostens bekräftigen, daß Theologie und Liturgie, Lehre und Gebet ganz natürlich eins sind, vital ineinander übergehen. Auch solche Zeichen wünscht man sich, wenn man aus dem Westen kommt. So füllen die drei Finger desjenigen, der sich in der Geheimen Offenbarung »das Alpha und das Omega« nennt, diese Pause des Daseins aus. »Der Herr und Gott, der ist und der war und der kommt, der Allherrscher.«

Das Katholikon ist der Verklärung des Herrn, der *metamorphosis tou Christou* geweiht, und die Berichte sind überliefert, daß dieses Hochfest in Pantokratoros im Anschluß an die stundenlangen Liturgien mitunter auch in sehr weltliche Feste ausgeufert ist. Der nationalen Sache Griechenlands immer stark verbunden, waren dieses strategisch wichtige Kloster an der Ostküste und sein sicherer Hafen wiederholt auch Stützpunkt und Zuflucht von finsteren Gestalten. So konnte beobachtet werden, daß Seeräuber oder Widerständler im Schutz der Dunkelheit vom wohlwollenden Archimandriten aus Gründen konspirativer Solidarität einfach dem Noviziat zugeteilt wurden. Für die Verfolger waren sie somit fürs erste nicht zu unterscheiden.

Es soll auch vorgekommen sein, daß ganz andere Metamorphosen geschahen, und in Erich Feigls Athosbuch mit dem bezeichnenden Titel »Vorhölle zum Paradies« heißt es an entsprechender Stelle: »Wenn ich an jenes Panigyron zurückdenke, fallen mir Wein und tausend Gaumenfreuden ein: alle nur vorstellbaren Meerestiere, köstliches Öl, Salate, Kolyva und Wein, Wein und noch einmal Wein, und das alles bei hereinbrechender Nacht in der Atmosphäre einer monastischen Trapeza mit Kerzenlicht, den im Flammengeflacker zu Leben erwachenden Gestalten der Sünder, Büßer und Beter an den Wänden... Nicht nur Ovid, auch Petronius hätte hellste Freude daran haben müssen, von den bekannten Neigungen der Spartaner ganz zu schweigen.« Über jene »Neigungen« ist natürlich im Laufe der Zeit viel Tinte geflossen. Jacques Lacarriere erzählt in seinem Buch »L'été grec« jene erschütternde Szene, wo ihn ein liebesbedürftiger Mönch stürmisch umwirbt und nach wiederholter, schließlich energischer Abweisung in Tränen ausbricht und davonläuft. Auch Alexis, der hier mit einem befreundeten Tänzer des Moskauer Bolschoi-Balletts auftauchte, machte ähnliche Erfahrungen. Er hat uns freimütig und sehr feinfühlig darüber berichtet und wie selbstverständlich jene Realität sexueller Bedrängnis, die sich in diesen geschlossenen Männergesellschaften einnisten kann, offen angesprochen.

Uns selbst ist bei zwei Athosaufenthalten nichts dergleichen widerfahren, aber gewiß gibt es derartige Heimsuchungen, und es kann kein Zweifel daran bestehen, daß die jahrtausendealte Aussperrung der Frauen auch so etwas wie einen sinnlichen Klimawechsel auslöst. Zärtlichkeit oder Eleganz bewirken hier eine ganz andere Ausstrahlung als im normalen Leben, wo sie par excellence zum Ewigweiblichen gehören.

Die uralte Schule christlicher Askese weiß ja dann auch lange vor den wissenschaftlichen Entdeckungen der Tiefenpsychologie von den selbstheilenden Mitteln des therapeutischen Gesprächs zwischen dem »geistlichen Vater« und dem ihm total vertrauenden, von den »Dämonen« verfolgten Sohn. Die Bedeutung des Unbewußten und die Gefahren der Verdrängung waren klar erkannt als »List des Erzfeindes«, dem man zwar nicht mit analytischen Couchdialogen, jedoch mit der befreienden Kraft der nichts verheimlichenden Beichte zu Leibe rückte. »Das versteckte Denken verdirbt das Herz, wer versteckt, erkrankt«, so mahnt der in der ägyptischen Wüste erprobte lateinische Mönchsvater Cassian. Der von »Versuchungen des Fleisches« wahrlich nicht verschonte Lehrmeister mönchischer Askese, Evagrios Pontikos (399), legte gar einen detaillierten Katalog ausgefeilter Ratschläge an, eine »Praxis«, mittels derer die Beter vor den »Gedanken« zu schützen seien. Erstaunlicherweise spielen dabei die uns so sehr in Atem haltenden Freß- und Wollüste nur eine untergeordnete Rolle. Wer höher steigt im geistlichen Leben, bekommt es mit ganz anderen Kräften zu tun, und Evagrios, der die ganze Phalanx byzantinischer Mystiker von Johannes Klimakus, Isaak dem Syrer, Symeon dem Neuen Theologen, Maximus Confessor bis hin zu den Vätern der »Herzensstille« geprägt hat, bringt seine Erfahrungen mit dem Bösen scharfsinnig auf einen einzigen Punkt: Ach die Eigenliebe, diese Alleshasserin.

Lazarus und sein Freund

Wir aber erlebten Pantokratoros von einer ungetrübten Seite. Vater Athanasius, ein betagter ehemaliger Seemann, der erst nach langen Irrfahrten über die Weltmeere im stillen Hafen des Athosklosters anlegte, kochte uns vergnügt einen schwarzen *helleniko* und gönnte sich zusammen mit Alexis ein von Zigarettenqualm umwölktes Plauderstündchen. Die Mönche murmelten unterdessen im Katholikon das Stundengebet und zogen es dabei vor, von den Besuchern aus dem Westen nicht gestört zu werden. In ihrer Kirche befindet sich auch jene berühmte Gerontissa-Ikone, eine weinende Muttergottes vor einem überlaufenden Ölkrug.

Zusammen mit der Portaitissa aus Iwiron und der zartküssenden Glykophilusa aus Philoteou zählt sie zu den drei wesentlichen Stützen, die den Bestand des Heiligen Berges garantieren. Der Gerontissa wird neben zahlreichen anderen wundersamen Begebenheiten auch die Rettung des Klosters beim Großbrand im Jahre 1950 zugeschrieben. Während ein Sturm das Feuer immer wieder anfachte und die aus Karyes und den Nachbarklöstern herbeigeeilten Helfer ihre Bemühungen fast schon aufgeben wollten, besannen sich die Mönche plötzlich auf ihre wahre Beschützerin. In geschlossener Prozession zogen sie mit dem Gnadenbild der Weinenden an den Brandherd, und sogleich trat Windstille ein, die Gefahr war gebannt.

Der Waldweg nach Vatopedi führt am Friedhof vorbei, und bisweilen scheint es so, als ob dies auf dem Athos ein Ort der Verachtung sei. Kein Vergleich jedenfalls mit dem Todespomp und Abschiedskult bei uns im Westen. Von Grabpflege oder Blumenschmuck keine Spur, eher eine verwahrloste Wiese mit kniehohem verwelktem Gras und Gestrüpp. Lediglich einige windschiefe Holzkreuze erinnern daran, wessen Bezirk sich hier befindet. Die Inschriften sind meist abgeblättert, um einige Querhölzer baumelt eine abgenutzte Gebetsschnur. Keine Kieswege, kein dezenter Heckenschnitt, keine Denkmäler. Nur eine melancholische Zypresse als kleine Konzession an irdische Trauer.

Vater Makarios, ein in den Wäldern bei Chilandar lebender deutscher Mönch, hat mich später darauf aufmerksam gemacht, daß eben hier Glaube und Leben des Athos konsequent ineinander übergehen. Ganz selbstverständlich gehört der Tod dazu. »Denn unseres Lebens Summe sind siebzig Jahr, und sind wir rüstig, können es achtzig sein«, so rezitiert er aus den Psalmen, »und all ihr Prangen ist Mühsal und Nichtigkeit, denn flüchtig gehen sie vorbei, und wir fliegen dahin.« Er sagt es mit einem belehrenden Lächeln des Bedauerns, so als könne er es leider auch nicht ändern, und im unverwechselbaren Dialekt seiner alten Schwarzwaldheimat meint er: »Dann ziehe se di dä Labbe über dä Kopp und aus. . .« »Dä Labbe«, das ist jenes einfache schwarze Mönchskleid, in das der Tote auf dem Boden seiner Zelle eingenäht wird, so wie es von den Lazarus- und Auferstehungsikonen bekannt ist. Der Mönch in einem solchen Totenkleid, das ist irgendwie schon Lazarus, der zur nahen Auferstehung berufene »Freund des Herrn«. So macht man sich auch bei der Bestattung keine Sorgen um würdevolle Abschiedspietät.

Das Grab, das nur einen halben Meter tief ist, wurde nicht etwa eigens ausgehoben, sondern ist meist jenes, das seit der letzten Exhumierung offen blieb. Denn spätestens drei Jahre nach der Beerdigung wird der Verstorbene wieder ausgegraben, um schließlich bei der »schweigenden Mehrheit« im Nekrotapheion, dem Totenhaus, eine letzte Bleibe zu finden. Der Schädel, der mit Wein gewaschen wird, kommt ins Vorhaus, meist mit Namen und Daten beschriftet. Die Gebeine landen im Keller, meterhoch aufgestapelt, wie Holz für den Winter. Jeden Morgen kommt der Klosterpförtner auf den Friedhof, um Gräber und Gebeine zu beweihräuchern und das hier aufgestellte ewige Licht zu betreuen. Samstags nachts erscheint die ganze Gemeinschaft und singt in der Kapelle eine Totenliturgie. Dabei glaubt man sehr präzise von jedem verstorbenen Mitbruder zu wissen, wie weit ihn sein Seelenführer am Tor zum Jenseits vorgelassen hat. Dazu gibt nach einem obskuren, jahrtausendealten Ritual die Ausgrabung geheimnisvollen Aufschluß. Ausströmender Wohlgeruch der Überreste läßt auf ein heiligmäßiges Leben schließen. Ein weißer Totenschädel bedeutet die Rettung der Seele des Verstorbenen, ein schwarzer verpflichtet die Überlebenden zu innigstem Gebet, ein gelber Schädel schließlich läßt keinen Zweifel: Der Tote ist in die Herrlichkeit eingegangen. Die Athostradition weist nach, daß die Ergebnisse solcher Schädelwaschungen keineswegs Überraschungen auslösen. Ganz vertraut mit Leben und Sterben des Mitbruders, besitzen die Mönche bereits eine Vorahnung über dessen Bestimmung. Da ist eine Vertrautheit mit dem Jenseits, wie sie etwa aus tibetanischen Totenkulten bekannt ist. Aber selbst die moderne Sterbeforschung, die sich auf Erfahrungen reanimierter klinisch Toter stützt, kennt jene kuriose Figur des auf Athosikonen auftauchenden »Psychopompos«, der die hingeschiedene Seele am Rande der Ewigkeit erwartet und in Empfang nimmt.

Nachdenklich in den Hochwald steigend, begreifen wir, daß es doch nicht so sehr ein »Ort der Verachtung« war, den wir soeben mit einigen verwitterten Kreuzen und einem offenen Grab in dieser wilden Wiese beobachtet haben. Es war nur die dunkle Rückseite der glänzenden Klöster, ihre Deponie. Die nahtlose Konsequenz von Leben, das ganz auf Auferstehung und Verklärung hin gelebt wird. »Vita mutator non tollitur«, so sang man früher in unseren schaurig schönen Requiemmessen. »Denn Deinen Heiligen, o Herr, wird das Leben nur verwandelt, nicht genommen.« Schweigend klettern wir über den Felsenpfad. Ringsum betörende Frühlingsblumen, über uns der blaue Himmel, ganz tief unten das ausgelassene Spiel des Meeres. Mögen Lazarus und sein Freund uns verzeihen: Mehr denn je gierig und glühend, lieben wir dieses Leben.

Die Zypressen von Vatopedi

Couven hatte uns wiederholt versichert, bei dieser zweiten Athosreise wolle er endlich den 2033 Meter hohen Gipfel ersteigen. Doch unterwegs nach Vatopedi, nach einer besonders mühsamen Etappe des Anstiegs in der prallen Sonne, stellte er diese anspruchsvollen Pläne erstmals in Frage. Alexis war uns längst leichten Fußes und mit freiem Oberkörper davon gehüpft. Ich selbst ließ eingangs eines Bogenganges im Hochwald erschöpft den Rucksack fallen und wartete auf Couven. Unter einem Schattendach aus Eichen und Lorbeer gestanden wir uns ein, nun doch nicht mehr die Jüngsten zu sein und frischten die penible Pause mit einigen Würfeln Traubenzucker auf.

Hin und wieder öffnete sich der dichte Wald, und wir sahen hinab auf Pantokratoros, Stavronikita und Iwiron, die wie Felsennester an der blauen Küste klebten. Darüber das Athosmassiv, zunächst die grüne Baumgrenze, die uns unter diesen Umständen schon echte Ehrfurcht einflößte, dann aber jäh aufsteigende Steinschluchten, rosarot zum Gipfel hin, dessen Schneefelder in der Mittagssonne glänzten. Plötzlich hören wir Rufe im einsamen Wald und erkennen bald die Stimme von Alexis, der sich zu sorgen beginnt, wo wir denn bleiben. Als wir schließlich jene Stelle erreichen, wo er seine sieben Sachen hingelegt hat, zieht er mit flinker Hand ein Handtuch weg und überrascht uns mit einem liebevoll angerichteten Mahl: in kleine Scheiben geschnittene Birnen, Äpfel und Mandarinen, ein Tischlein-deck-dich dreihundert Meter über dem Meer, ein »déjeuner sur l'herbe«, wie es zugleich frugaler und herrlicher nicht sein kann. Es ist auch eine große Lehrstunde über die Athos-Tischgemeinschaft, die diesmal ausnahmsweise am Boden einlädt, jedoch alles zu schenken vermag, was die heiligen Väter über Entsagung und Herrlichkeit, über brüderliches Teilen und hundertfachen Lohn offenbart haben.

Bald darauf einigen wir uns, daß ein jeder in dem ihm eigenen Rhythmus bis Vatopedi weiterwandert. Doch der schwierigste Teil des Weges ist schon zurückgelegt, bald lichtet sich der Wald, und wir erreichen jene Stelle, bis zu der sich die Zähne der Planierraupen vorgewühlt haben. Aufgerissene rote Erde, herumliegende Steinbrocken und umgestürzte Bäume: Da, wo der federnde Waldpfad in den staubigen Forstweg übergeht, ist ein Grenzland der Verwüstung. Wenn man aus dem anstrengenden Schatten der Bäume kommt, empfindet man es wie eine Wunde. Hier oben entdecken wir bald einen Rastplatz mit einem alten *kellion,* einem Mönchsbauernhof. Maultiere haben vor kurzem noch unter den Ölbäumen gegrast, aber es werden wohl Waldarbeiter gewesen sein, die einen Unterschlupf suchten, denn die Gebäude mit einer wunderbaren Sicht über die Ostküste nach Jerrissos sind schon lange nicht mehr bewohnt. Über zerbrechliche Holzplanken erreichen wir drei Kaminzimmer mit umgestürzten Möbeln, zerbeultem Hausrat und herumliegenden Schuhen, so armselig, wie van Gogh sie gemalt hat.

Neben dem kleinen Stall eine Öffnung zur Kapelle, eine Miniaturausgabe östlicher Kirchenbaukunst mit Chorgestühl, Kerzenleuchtern und Ikonostase. Zum Osten hin ein kleines Fenster mit Blick auf den zugewachsenen Garten. Putz und Stein sind von den Wänden gebröckelt, das Holz der Bilderwand hat der hindurchfegende Wind grau und rissig gemacht. Ein Weihrauchfäßchen steht noch in der Nische und ist, ähnlich wie die Drähte der Öllampen, mit Rost überzogen. Es müssen sehr arme Mönche gewesen sein, die in dieser Einsamkeit ein gemeinsames Leben gefristet haben. Ihre dem Erzengel Michael und dem heiligen Gregor geweihten Ikonen sind nicht von Hand gemalt, sondern nur aufgeklebt. Jetzt lösen sie sich vom brüchigen Holz und fransen an den Rändern. Die Hauptikone ist eine Darstellung der Deesis: Maria zusammen mit Johannes dem Täufer in flehendlichem Gebet vor Christus dem Weltenrichter. Wie ein Sonnenstrahl wirkt das Bild an dieser Stätte des Ausgelebten, wo die beiden Archetypen der Heiligkeit den Wahnsinn ihrer Liebe für die auf ihre Fürsprache angewiesenen Menschen bezeugen. Wie oft haben wohl die Mönche in dieser Stille die Kerzen angezündet? Wie oft haben sie sich vor dieser Ikone verbeugt und sie zärtlich geküßt? Alles scheint vorbei und vorüber zu sein, aber in dieser Ruine ist immer noch ein Leuchten.

Als wir die Höhe des Bergkammes erreichen, treffen wir im Schatten einer riesigen Steineiche drei junge Burschen, die sich vom Anstieg aus Vatopedi erholen. Es ist schon Nachmittag, und sie wollen heute noch bis Iwiron, so verschweigen wir ihnen rücksichtsvoll, was ihnen noch bevorsteht. »One hour, maybee less«, so schätzen sie, sei es noch bis zu unserem Tagesziel, und wir brechen schon wieder auf, hinab über den staubigen Forstweg in ein großes Tal, das sich zur Bucht hin weit und einladend öffnet. Zunächst Pinien und Weißtannen, dann mächtige Platanen und zu den sanften Höhen hin Kastanienwälder. Lichtes Grün, in dem vereinzelt die Dächer von Einsiedlerhöfen durchbrechen, kleine Kapellenkuppeln wie Wasserblasen im Teich. Zypressen und das Gebimmel der Maultiere deuten an, daß wir uns dem Kloster nähern, dann brummt ein Land-Rover der Athosgendarmen vorbei und hüllt uns in eine dichte Staubwolke. Ein junger, fetter Grieche steigt schwitzend in der anderen Richtung bergauf, mit grünweißer Bermudahose und auf den Ohren Walkman-Hörer mit Pink-Floyd-Musik. Dann aber die Zinnen von Vatopedi: Kuppeln, Türme, das Dächermeer einer kleinen byzantinischen Stadt. Noch einige Wegschleifen und wir stehen vor der Pforte eines der größten und ältesten Athosklöster, das uns im Bogengang mit der Verkündigungsikone begrüßt. Unser dringendstes Interesse gilt dem sprudelnden Brunnen, und vor dem gütigen Blick der »Magd des Herrn« klatschen wir uns immer wieder das kalte Wasser ins Gesicht.

Der Knabe im Brombeerstrauch

Man kann getrost die Augen schließen. Schon glaubt man orientalische Händler zu erkennen, die mit ihren duftenden Schätzen einziehen. Flötenspieler bilden Spalier, Schlangenbeschwörer lassen sich in den Nischen nieder. Feuerschlucker und Haremsdamen schlüpfen durch die enge Pforte. Blökende Herden und Tambourschläge. Mit dem Weihrauch vermischt sich bereits der blaue Qualm bratender Hammel, und das Glockenspiel der Vesper geht unter in der Leier unermüdlicher Musikanten. Fackeln brennen bei hereinbrechender Dunkelheit auf den hohen Zinnen. Schattengestalten huschen um das Zelt des Sultans. Schon tänzeln verschleierte Schönheiten geräuschlos über die Marmorgänge. Noch ein erschreckendes Kichern und die bleichen Väter flüchten stolpernd über verwinkelte Treppen, Stiegen, Mauerpfade hinauf in den Festungsturm. *Kyrie eleison,* so flehen sie im Verlies oberhalb der mit Gold- und Silberschätzen, mit wundertätigen Ikonen und kostbaren Handschriften vollgestopften Schatzkammer.

Aber es fällt schwer, in Vatopedi die Augen zu schließen und so die flüsternden Märchen aus tausendundeiner Nacht einzulassen. Kurioserweise ist hier niemand eingedrungen, seitdem Athanasios, Nikolaos und Antonios, von der Großen Lawra kommend, in der zweiten Hälfte des 10. Jahrhunderts an dieser Stelle, wohlgeschützt am Golf, vor dem Hintergrund sanft ansteigender Hügel, das Kloster gründeten. Dieser Standort, so schön, so einladend und obendrein im Schatten des sicheren Bergrückens, war natürlich längst eingewebt im Geflecht der zahllosen Legenden, die auf dem Athos keiner dokumentierten Beweise bedürfen. Wenn sie nur den sagenumwobenen Kern des Unüberbietbaren bergen, das sich dem Drängen von Augenzeugen oder Schriftstücken souverän verweigert. Auch die Legende vom Ursprung Vatopedis schöpft aus dem reichen Fundus dieser Flüsterüberlieferungen. Ihnen genügt ja das Glück des Staunens, ein Moment kindlichen Bewunderns, zuversichtliche Freude über ein dann doch noch gutes Ende. Darin verbirgt sich freilich nichts anderes als die ureigenste Sehnsucht nach »Erlösung«. So etwas muß dann einfach weiter erzählt werden.

Nun, es soll kein Geringerer als der kleine Arkadius, ein Sohn Kaiser Theodosius I., gewesen sein, der hier nach einem schweren Seesturm an Land gespült wurde und in einem Brombeerstrauch wunderbare Rettung fand. Das Kind (pedi) und die Brombeere (wahtos) gaben dem Ort seinen wohlklingenden Namen. Da selbstverständlich auch diesmal nur die allheilige Gottesmutter die wild brodelnden Elemente am Athos mit sanfter Hand beruhigt haben konnte, wurde ihr das neue Kloster geweiht: der stillen Jungfrau, die mit dem umwerfenden Wort der »Magd des Herrn« dem Gottvertrauen einen zeitlosen Namen gab.

Die selbstlose Bereitschaft der jungen Mirjam aus Nazareth, das ist natürlich unerschütterlicher Glaubensgrund, und es scheint, daß man in Vatopedi durch die Jahrhunderte an dieser anspruchsvollen Bestimmung nicht hat rütteln lassen. Das beherzte Eintreten für die Sache des Glaubens zeichnete schon den Vater des erretteten Knaben aus, denn Theodosius wurde ein glühender Anhänger des Bekenntnisses von Nizäa, das den am Kreuz gestorbenen und am dritten Tag wieder auferstandenen Sohn jener Mirjam in kraftvoller Zuversicht »Gott vom Gotte, Licht vom Lichte, wahrer Gott vom wahren Gotte, gezeugt, nicht geschaffen« zu nennen wagte. Damit waren die Einflüsse des Arianismus endgültig abgewehrt, und im Konzil des Jahres 381 besiegelte die Orthodoxie ihre Stellung. Nach dem Bischof von Rom erhielt Konstantinopel den bis zum heutigen Tag gültigen Vorrang aller östlichen Patriarchate und das Credo von Nizäa wurde das ökumenische der gesamten Kirche.

Arkadius folgte seinem Vater auf den Kaiserthron, erhielt nach der Reichsteilung auch Makedonien, wobei Thessaloniki in den Rang einer Präfekturhauptstadt avancierte. Eine geopolitische Konstellation, die sich seit jener stürmischen und schließlich glücklich verlaufenen Episode im Dornengestrüpp am Kieselstrand für die Klostergründung und den Heiligen Berg nur als segensreich erweisen konnte. So ist es nach dem sechsstündigen Marsch fast schon eine Frage des Bildungsbewußtseins, sich in dieser geschichtsträchtigen Bucht ein Bad zu gönnen. Alexis kommt uns schon erfrischt entgegen und rät, aus Gründen der Pietät, doch etwas auf Distanz zu den Hafengebäuden zu achten. Dann springen wir kopfüber in die glasklare See, allerdings mit zuckendem Entsetzen, denn das Wasser ist Ende April noch eiskalt.

Aber es belebt uns für die bald schon bedrängende Bilderflut im Labyrinth der Höfe, Kirchen und Kapellen von Vatopedi. So genießen wir die Stärkung, die uns ein junger, beleibter Küchenbruder im Gästehaus serviert. Linsensuppe, kaltes Sauerkraut, Oliven, Brot und Wasser.

Im weitläufigen Trakt bewohnen wir die Zelle neun. Ein großes Fenster geht zur Bucht hin, an den hohen Wänden hängen Porträts vornehmer Gönner aus den Fürstenhäusern Rumäniens. Exzellenzen mit schwungvoll gedrechselten Schnurrbärten und ordensbestückten Gala-Uniformen.

Als dann allmählich der Abend kommt, taucht er Vatopedi in ein ungeahntes Licht der Verzauberung. Jetzt beginnen die Dinge zu leuchten. Es ist, als erreichten erst in dieser Dämmerstunde die Kuppeln, Kreuze, Fresken und Mosaike die wahre Fülle ihres Glanzes. Es sind nicht nur all jene in den Nachschlagwerken der Kunstgeschichte aufgelisteten Meisterwerke, Deesis, Marienzyklus, Säulengänge oder Weihwasserbecken, die sich mit der ganzen Kraft ihrer Farben erheben. Vielmehr wirken jetzt die kleinen, unaufdringlichen Details, das Lächeln eines untergeordneten Engels, das Schimmern der Marmorsäulen im Apsisfenster, der matte Glanz der Steinböden aus schwarzen und weißen Kieseln. Das Abendlicht versetzt alles in sanfte Vibration. Wenn auch nur für Minuten, bevor alles ins schwarze Tintenfaß der eilend hereinbrechenden Nacht verschwindet, leuchtet noch einmal das alte Byzanz, wo das pralle Leben und der tiefe Glaube vital aus demselben Brunnen schöpften.

Draußen im Golf sind jetzt Fischer unterwegs. Ein leichtes Tuckern und die schwarzen Mönchsgestalten greifen wie Schattenfiguren nach den Netzen. Im dunklen Grün der Gärten hängen die Orangen wie Bälle. Schwalben sausen in rasendem Tempo durch das Vorzimmer der Nacht. Tiefste Stille ringsum und im spiegelglatten Meer zieht die Wellenspur der bereits hinter dem Hügel verschwundenen Boote eine erschöpfte Bahn.

Der verlorene Sohn von Philoteou

Als sich die Dunkelheit des letzten Glitzerns der Klosteranlage bemächtigt hatte, ging ein mächtiger Schlag zitternd durch die Stille der Nacht. Ihm folgten bald ein zweiter und dritter, die sich wie Ringe tiefen Brunnenwassers über Vatopedi ausbreiteten. Kräftige Schläge eines Hammers auf hängendes Eisen, als gehe ein Schmied zu Werke, aber es müßte schon ein Kunstschmied sein, denn die Vielzahl der Schläge und Vibrationen, die jetzt folgten, waren Melodie und Botschaft zugleich: drängender, alarmierender Ruf an alle Mitglieder dieser Gemeinschaft, sofort herbeizueilen, alles stehen und liegen zu lassen, dem klingenden Appell nichts anderes mehr vorzuziehen und unmittelbar zur Agripnia, der Nachtfeier zum Gründonnerstag, in die Kirche zu kommen. So hört man bereits aus der Ferne das Geklapper der Sandalen auf den Marmortreppen, das Rascheln der Mönchsgewänder über die weiten Gänge. Dunkle Gestalten, die nach dem matt schimmernden, abgegriffenen Knauf der schweren Eisenpforte tasten, um sich dann mit tiefen Verbeugungen den Ikonen der Vorhalle zu nähern.

So höre ich sie die schwermütigen Oden des Andreas von Kreta singen, deren vierte Strophe von jenem großen Obergemach mit den Polstern handelt, das Petrus und Johannes in der Oberstadt von Jerusalem vorfanden, als sie der Gestalt mit dem Wasserkrug folgten, um ein Haus für das Pascha zu suchen. »Wohl dem«, so singen die Mönche im Halbrund der Nischen, »der dem Herrn sein Herz als Obergemach bereitet und seine Demut als Abendmahl.« Heftiger, noch leidenschaftlicher dann der Lobpreis für die Theotokos, deren Antlitz allgegenwärtig hinter den Kerzen und Öllampen leuchtet, deren Unberührtheit der »Braut Christi« die Ouvertüre zum Drama der anbrechenden Passion bildet, und die deshalb überschwenglich »Braut Gottes« genannt werden darf.

Wer vermag zu sagen, wie lange diese Wache in der sternenklaren Athosnacht dauert? Schon seit zwei Stunden in unsere Zelle zurückgekehrt, höre ich sie noch immer unten beten und rufen, als ich nach dem ersten Schlaf noch einmal aufwache und einen Blick in das Labyrinth der Höfe wage. So ist dann auch am Morgen, als wir uns beeilen, das Boot aus Esphigmenou zu erreichen, von den athletischen Betern weit und breit nichts zu sehen. Ein alter Küchenbruder läßt sich erweichen, uns dennoch einen Kaffee zu brauen, zwischen den liturgischen Großereignissen das höchste der Gefühle; an ein Frühstück, und sei es ein Stück trockenes Brot, ist nicht zu denken.

Wie Kinder stehen wir an der Hafenmauer und drängen ungeduldig nach vorne, als das weiße Schiffchen hinter einem Felsenvorsprung in die Bucht einläuft. Ja, es ist ein echtes Glücksgefühl, den wankenden Boden der »Chalkidiki Nr. 8« unter den Füßen zu spüren, den schweren Rucksack unter die Bank zu schieben, endlich von den Anstrengungen des Wanderns befreit, den frischen Seewind um die Nase. Vatopedi streckt sich in seiner ganzen blutroten, majestätischen Breite, und um den Bug beginnt verspielt die Gischt zu spritzen. Strahlender Himmel über dieser leuchtenden Küste, wo sich meilenweit verlassene Hafentürme und Felsenklöster abheben. Darüber das Athosmassiv und der entrückte Gipfel, wieder hinter einigen keuschen Wolken verborgen, als müsse das Letzte verhüllt bleiben.

Unser weißes Boot in diesem Tintenmeer, das ist eine heitere, sehr griechische Erfahrung, ganz aufs Wesentliche reduzierte Schönheit, der Glanz des Einfachen. Manchmal sind die Felsenufer zum Greifen nahe, die in ihren Brüchen die Schichten der Jahrtausende bergen. Von der geduldigen See umspülte Marmor- und Granitblöcke, die sich zerklüftet aufrichten und dann doch im Widerstand der Gezeiten aufgerieben werden, bis zum demütigen Kieselrest in den Buchten.

Es ist viel Platz auf unserem kleinen Schiff. Mal kann man sich im Bug zurückziehen, auf und ab getragen vom Spiel der Wellen, mal auf dem Oberdeck die uns begleitende Eskorte von Möwen und Fischen beim Streit um die Brotkrumen beobachten. Der immer ruhelos um Kontakte und Kommunikation bemühte Alexis schafft es sogar im Fond des Bootes, eine Bekanntschaft zu knüpfen, Dimitrios Galitis, der in Piräus einen guten Namen als Fischgroßhändler hat und übers ganze Gesicht strahlt, uns mit einem *helleniko* aus der Thermosflasche überraschen zu können. Als er dann mit einem Zähnefletschen zu grinsen beginnt, begreife ich, was ihn auf Anhieb so sympathisch machte: Er sieht Anthony Quinn in der Rolle des Alexis Sorbas zum Verwechseln ähnlich. So weiht er uns dann auch bald mitteilsam in die Geheimnisse seiner Athosreise ein, immer wieder seinem kleinen blonden Jungen zärtlich um die Schultern greifend, so als fürchte er, auch ihn noch zu verlieren. Von »Verlust« ist dann auch immer wieder die Rede, und Dimitrios zeigt stets mit gekrümmtem Daumen zur Küste, so als beschuldige er den gesamten Heiligen Berg, ihm das Beste und Liebste geraubt zu haben: seinen ältesten Sohn Timotheus, der mit achtzehn Jahren nicht mehr im elterlichen Haus zu halten war und als Novize in das Kloster Philotheou eingetreten ist. Seine Frau und der Pope hätten den Jungen auf dem Gewissen, seufzt der Alte. Alles hätte er für ihn getan, die ganze Halle mit den eisgekühlten Tintenfischen und Sardinen, sein Lebenswerk, sein Vermögen habe er eingesetzt. Aber nichts zu machen. Er habe es mit Geld und guten Worten versucht, habe gedroht und geschlagen. Ohne Wirkung. Eine USA-Reise habe der Bengel ausgeschlagen, die leichten Mädchen, die er ihm von einem »guten Bekannten« unters Fenster stellen ließ, habe er nicht einmal beachtet. Den Sportwagen, den er ihm zum Geburtstag schenkte, habe er gar den »Schwarzen« als

Spende angeboten. »Undank mein Herr«, so jammert unser betrübter Sorbas, der jetzt seine ganzen Hoffnungen auf den Kleinsten setzt, der die Kummergeschichte seines Herrn Papa mit einem undurchsichtigen Grinsen begleitet. So waren dann auch des Fischmillionärs Gespräche mit den Mönchen auf unserem Boot nicht immer die freundlichsten, und im Hafen von Iwiron schwätzte er gar so ausgiebig, daß unser Käpt'n noch einmal umkehren mußte, um ihn wieder an Bord zu nehmen.

Wir waren deshalb alle gespannt auf das Wiedersehen, als die »Chalkidiki Nr. 8« mit dem untröstlichen Vater des verlorenen Sohnes endlich im Hafen des fünfhundert Meter höher gelegenen Klosters Philoteou einlief. Zusammen mit dem Jüngsten ging Dimitrios als einziger von Bord, und am Kai stand wie ein Seraph, Timotheus, der hier den Klosternamen Gavril erhalten hatte. Verträumt, abwesend sah er dem Landemanöver der Seinen zu. Ein schmächtiges, bleiches Kerlchen mit Nickelbrille und blondem Bartpflaum, dem man gleich ansah, daß ihn die alten Schriften der Wüstenväter und Heiligen weitaus mehr interessierten als reizende Mädchen, Sportlimousinen und die Fische des ständig plappernden Papas.

So wunderte es auch nicht, daß er zwar seinen kleinen Bruder zärtlich begrüßte, für den alten Herrn jedoch nur einen lässigen Klaps übrig hatte. Während unser Schiff schon mit Kurs auf die Lawra ablegte, sahen wir die drei Galitis auf den bereitstehenden Unimog steigen. Dimitrios winkte uns, auf das Mönchlein zeigend, aufgeregt zu. An seiner Hand glänzten Ringe und eine goldene Uhr. In dieser Geste war auch ein Geständnis der Machtlosigkeit, so als wolle er sagen: »Das ist der Teufelskerl, eigentlich sollte er wie sein Vater ein Kalamareskönig werden, und jetzt betet er nächtelang Psalmen.« »So was« hatte ausgerechnet er sich großgezogen. Auf die beiden Burschen einredend, vom Lastwagen hin und her geschaukelt und uns immer noch zuwinkend, brauste er den Klosterberg hinauf.

Das Geheimnis der Amalfitaner

Als wir in der Bucht von Morfonu einliefen, kamen mehrere griechische Passagiere spontan auf uns zu und zeigten immer wieder auf einen sich aus den Wäldern erhebenden Turm. »Amalfi, Amalfi«, so gestikulierten sie aufgeregt. Eile sei geboten, schnell ein Foto, gerade vor diesem Hintergrund wolle man uns ablichten. So ließen wir geschehen, es bestand ja kein Zweifel, daß es eine ergreifende Szene war, das Meer, die rasch aufsteigenden Wälder, da oben dann der Turm, 180 Meter hoch und mit seinen Zinnen und Schießschachten wie ein Monument des Raubrittertums. Die Ruine ganz eingefangen von ehrgeizigem Hochwald, der in kühnen Schwüngen bis zur Baumgrenze reicht und dann in das wuchtige Athosmassiv übergeht, das sich an dieser Stelle in seiner ganzen Breite spreizt bis hin zum Gipfel mit jähen Felsvorsprüngen und Schneefeldern.

Uns war diese Bucht bald wieder vertraut, denn bei unserer ersten Athosreise im Mai 1975 sind wir hier nach einem schweren Marsch, von Stavronikita kommend, »gestrandet«. Total erschöpft verspürten wir damals wenig Neigung für kulturelle Exkurse in abendländische Geschichte und ignorierten den Turm nahezu verächtlich. Couven und Al sprangen zum Entsetzen der hier Holz ladenden Mönche und Arbeiter splitternackt ins Meer. Ein altes, zu einem Transportfahrzeug umgebasteltes BMW-Motorrad knatterte ohrenbetäubend über den verstaubten Landeplatz, während mir ein in Lumpen gehüllter Mönch seine heilige Entrüstung über westliche Reisesitten mitzuteilen bemühte. Schließlich kam ein Boot aus Iwiron und lud uns auf. Morfonu behielten wir als den traurigsten Ort des ganzen Paradiesgartens in Erinnerung.

Aber wir ahnten ja nicht, wo wir uns befanden, denn der trotzige Turm mit dem weiß schimmernden Adlerwappen unter den Zinnen beschützte vor fast tausend Jahren das lateinische Amalfitanerkloster der heiligen Maria. Zahlreiche Benediktinermönche aus Süditalien gehörten ihm an. Es war die Zeit vor dem großen Schisma, die Zeit der ungeteilten Christenheit, und die Ruine da oben im Wald wäre somit weiß Gott mehr als nur ein Haufen alter Steine vor majestätischem Hintergrund.

So möchte man dann auch mehr wissen, stößt jedoch sehr bald schon auf eine Wand des Schweigens, der Abweisung und Täuschung. Sicherlich hat diese historische Stätte wiederholt die Phantasie der Forscher und Gelehrten beflügelt, aber die Ergebnisse ihrer Recherchen sind eher kümmerlich. Ein paar von Fragezeichen umstellte Daten, wenig verläßliche Namen aus von mißtrauischen Athosmönchen gehüteten Archiven, deren wahre Schätze bis zum heutigen Tag verborgen blieben. Wer immer sich, sei es mit Kniefällen, List oder Geld in den vergangenen Jahrhunderten um die Geschichte des alten Lateinerturms bemühte, grub ins Leere. Was wirklich mit den »Söhnen des heiligen Benedikt« geschah, die ihr Kloster der Gottesmutter geweiht hatten, ist noch immer ein Geheimnis. Man kann sich nur vorsichtig herantasten.

Amalfi erfreute sich im 10. und 11. Jahrhundert, ähnlich wie die vier anderen süditalienischen Städte Capua, Neapel, Benevento und Gaeto, des besonderen Schutzes der byzantinischen Kaiser. Dabei erwiesen sich die Amalfitaner als intelligente und geschickte Geschäftsleute, die weit über die Welt des Mittelmeeres hinaus über einen hervorragenden Namen verfügten. Ihre Republik eröffnete Handelsvertretungen im Heiligen Land, in Konstantinopel, auf Zypern, Sizilien sowie in allen italienischen Hafenstädten. Als zur

Jahrtausendwende das Ende der Zeiten befürchtet wurde, waren es vor allem ihre Schiffe, die den drängenden Strom ängstlicher Pilger nach Palästina beförderten. Kein Wunder also, daß Mönche aus Amalfi neue Gründungen planten, so etwa das der heiligen Maria der Lateinerin geweihte Kloster in Jerusalem, ein Kloster in Konstantinopel und schließlich auch eines auf dem Heiligen Berg Athos, wo Athanasius gerade seine bedeutende Gründung der Lawra vornahm.

So sind dann auch die Lebensbeschreibungen des Athanasius, der beiden georgischen Gründermönche von Iwiron, Johannes und Euthymius sowie eine alte Chronik der Abtei Monte Cassino die einzigen Quellen, aus denen sich die Anfänge der Mönche aus Amalfi auf dem Athos rekonstruieren lassen. Leo, ein Bruder des Herzogs Randolf II. von Benevento, kam um das Jahr 980 zusammen mit sechs Mönchen auf den Heiligen Berg, wo sie zunächst als »Fremde« von den ebenfalls fremden Georgiern aufgenommen wurden. In den nachfolgenden zehn Jahren erfolgte die Gründung ihres Klosters in den Wäldern zwischen der Lawra und Karakallou, die bald schon unter dem Abt Johannes auch zahlenmäßig an Bedeutung gewann. Das belegen alte Handschriften, die von einem »Johannes monachus Amalfitanus« unterschrieben wurden, aber auch etwa ein Typikon des Kaisers Konstantin Monomaques aus dem Jahr 1045, der den lateinischen Mönchen sogar den Besitz eines seetüchtigen Transportschiffes gestattete, um in der wohlhabenden Amalfitanerkolonie von Konstantinopel lebensnotwendige Waren aufzuladen.

Wie herzlich damals die west-östlichen Beziehungen auf dem Athos waren, belegt auch jene schöne Geschichte vom Besuch einer lateinischen Delegation bei Athanasius in der Lawra, dem sie als Gastgeschenk frischen Kaviar mitbrachten, den ihm jedoch der Klosterkoch aus Neid vorenthielt, was einen Zornesausbruch des heiligen Abtes auslöste. Vermutet wird auch, daß sich in der Nähe des Amalfitons ein Refugium für Aussätzige befand, das von den Mönchen betreut wurde. Ein Liebesdienst, den kurze Zeit später die Georgier von Iwiron fortsetzten.

Das große abendländische Schisma von 1054 ist auf dem Athos zunächst ohne unmittelbare Folgen für die lateinische Niederlassung geblieben: Ihre Existenz ist noch bis ins Jahr 1198 nachgewiesen. Dann jedoch herrscht plötzlich für die Dauer eines Jahrhunderts ein unheimliches Schweigen. Als der Name Amalfi 1287 erstmals wieder auftaucht, ist nur noch von einer verlassenen, verwüsteten, einsamen Stätte die Rede, deren Ruine und Ländereien nach einem von Kaiser und Patriarch abgesegneten Beschluß der Athossynode in den Besitz der Großen Lawra übergeht. Der Untergang vollzog sich auch infolge der fortschreitenden Dekadenz der Amalfitaner-Einrichtungen in Konstantinopel am Ende des 12. Jahrhunderts sowie der schlimmen Übergriffe, die der vierte Kreuzzug vor allem sarazenischer Söldner in den Athosklöstern auslöste. Ein historisches Desaster, dessen rom- und papstfeindliche Auswirkungen bis zum heutigen Tag nicht überwunden sind. Der Fortbestand eines lateinischen Klosters auf dem Heiligen Berg der Orthodoxie war unmöglich geworden. Dennoch ist auch danach die verlassene Gebetsstätte der Benediktiner immer wieder in den Archiven der benachbarten Klöster aufgetaucht, sei es bei Grenzstreitigkeiten der Holzfäller oder zuletzt, im Juli 1702, als es erneut zwischen der Lawra und Karakallou zu einem Rechtsstreit um den Besitz der von 27 alten Mönchen bewohnten Waldsiedlung Provata kam.

Inzwischen war jedoch schon längst nicht mehr von dem Amalfitanerkloster die Rede, sondern nur noch von Morfonu. Was einmal war und zur Freude aller geblüht hatte, sollte der totalen Vergeßlichkeit anheim fallen. Sogar der Name wurde ausgelöscht, als habe es die Zeit der Einheit und guten Nachbarschaft nie gegeben.

Kloster Pantokratoros: »Auch solche Zeichen wünscht man sich, wenn man aus dem Westen kommt ...«

Kloster Vatopedi: »... Kuppeln, Türme, das Dächermeer einer kleinen byzantinischen Stadt.«

Rom, die Hölle und das Ende

Alexis hatte mich in der Bucht von Morfonu nicht aus den Augen gelassen. Mit einem sprungbereiten, skeptischen Lächeln verfolgte er die Bemühungen seiner Landsleute, uns die problematische Turmruine der Lateiner vor Augen zu führen. Er wußte ja längst, daß hier der »Knackpunkt« zwischen uns lag, den er zwar diplomatisch zu umgehen versuchte, aber nicht ungeschehen machen konnte. Außerdem war er viel zu sehr orthodoxer Grieche, um sich an diesen schmerzlichen Fragen und noch immer nicht verheilten Wunden vorbeimogeln zu wollen. Mehr noch, seine sprachgewandte Bildung, seine familiären und emotionalen Verbindungen zur kommunistischen Linken, sein gereizter Anti-Amerikanismus und nicht zuletzt dieses alles umgreifende Weltbild devoter Frömmigkeit, das er uns immer wieder mit überraschenden Kniefällen, Küssen und Kreuzzeichen vorführte, machten ihn zu einem typischen Athener Intellektuellen, der sich in seinen Widersprüchen von Feinden umstellt glaubt. Von Türken und Katholiken, von der Wallstreet und dem Vatikan, von Zionisten und den Häretikern der Ökumene...

Da tuckern wir an diesem strahlenden Frühlingsmorgen durch die ägäische Inselwelt, vor uns die Lichtküsten des blühenden Gartens der Allheiligen, darüber die zeitlose Stille des Athosgebirges, aber uns trennen tausend Jahre Streit und Niedertracht, die Kette der

Verdächtigungen und Enttäuschungen will nicht abreißen. Was können wir tun? Das Schiffchen ist eng, und die nächsten acht Tage müssen wir wohl oder übel noch miteinander auskommen. Dann lächelt er: »Komm, laß uns reden!«

Einer muß doch beginnen, reinen Tisch zu machen, so möchte ich ihm sagen, wir können die Plünderungen der päpstlichen Truppen, die brutalen Latinisierungsversuche, das missionarische Treiben der Jesuiten und Prälaten der »Propaganda Fide«-Kongregation nicht rückgängig machen: »Aber können wir nicht zumindest in unseren Köpfen einen Schlußstrich ziehen? Sind nicht charismatische Gestalten wie Johannes XXIII., Mutter Teresa oder Roger Schutz glaubwürdige Garanten eines ganz anderen Neubeginns im christlichen Westen? Gilt nicht auch für die Ostkirche das flehentliche Einheitsgebot?« Aber ich ahne ja nicht, in welches Wespennest ich da steche. Was wir so lässig für alles regelnden »guten Willen« halten, stößt hier auf ganz anders motivierten Widerstand, der sich tief in den Abgründen der griechischen Seele eingenistet hat. Außerdem besitzen sie, was wir leider längst als bourgeoisen Luxus verachten, nämlich geschichtliches Bewußtsein, den Atem in viel größeren Dimensionen zu denken, ein subtiles Gedächtnis, die Sensibilität eines wachsamen Zeitgewissens.

Der Verlust von Byzanz, der vierte Kreuzzug, der Sturz Konstantinopels und vier Jahrhunderte ununterbrochener Türkenherrschaft haben dieses Volk geprägt. Die Erschütterungen dieses Jahrhunderts, etwa die von Westeuropäern aufgedrängte schwächliche Dynastie, die italienischen Annexionen von Ägäis-Inseln, die von den USA unterstützte türkische Invasion auf Zypern und die Diktatur der Obristenjunta, bewirkten nur weiteres Mißtrauen gegenüber diesem trügerischen Westen, seiner machtverliebten katholischen Kirche und all den menschenverachtenden Exzessen der vollautomatischen Postmoderne. Es ist ein Lebensgefühl des Verlassen- und Betrogenseins, des Zweifels auch an dem eigenen schwächlichen Staat, der es nicht schafft, der großen, wehmütigen Vision einer politischen und geistigen Einheit, die sich auf das alte Byzanz gründet, noch einmal eine Chance zu geben.

Der so eifrig die zeitgenössischen griechischen Untergangsphilosophen Yannaras und Ramfos zitierende Alexis ist ein eindrucksvolles Beispiel dafür, wie unerfüllte Sehnsucht nach großer Vergangenheit sich schnell in Sperrungen und Verweigerungen gegen »den Westen« und »das Abendland« äußert, die für den schmerzlichen Verlust der Urheimat verantwortlich gemacht werden. Für ihn, der so weltmännisch über Paris-Erlebnisse und Moskau-Aufenthalte zu plaudern vermag, besteht kein Zweifel daran, daß sich im klerikalen Rom das mit dogmatischen Verirrungen getarnte Zentrum verhängnisvoller böser Macht befindet. Ja, jetzt rutscht es erstmals aus ihm heraus: »Bei euch regiert der Antichrist in der Maske des Erlösers...«

Wo die Geschichte nichts anderes war als Konfrontation mit den schlimmen Lateinern, wo ringsum im militanten Islam, im abgewirtschafteten Sowjetreich, bei den »perfiden« Juden und den türkischen Erzfeinden niemand da ist, der in diesem Kampf gegen die listigen Truppen des Papstes und den Rest der Welt helfen könnte, bieten nur noch dunkle Endzeitankündigungen eine Zuflucht. Die Unmöglichkeit, die glanzvolle Einheit von Byzanz wieder herzustellen, wird dem dunklen Anfang vom totalen Weltenende gleichgesetzt. Wie sehr der »Antichrist« bereits seine Teufelshand ausstrecke, so Alexis mit dramatischer Gebärde, beweise auch der in Griechenland leidenschaftlich geführte Streit über die Einführung der »scheußlichen Zahl 666«, die mittels Computer in Verwaltungsdokumenten auftauchte. Als ich verdutzt dreinblicke, erklärt er das Orakel: »666 ist die Chiffre des Ungeheuers in der Geheimen Offenbarung des heiligen Johannes, die letzten Dinge sind ganz nahe.«

Meine Hoffnung, auf die Ernsthaftigkeit und das Feingefühl der ökumenischen Bewegung hinzuweisen, beantwortet er nur mit der Feststellung: »Ökumenist, das ist bei uns ein Schimpfwort, dem Verräter nicht unähnlich. Ihr seid im Irrtum, wir haben von eurer Kirche nichts zu lernen.«

Gerade auf dem Athos, vor allem in den griechischen Klöstern Esphigmenou, Philoteou und Hagios Pavlos streitet man den Katholiken sogar die Taufe ab und behauptet, sie seien nur oberflächlich »mit etwas Wasser beträufelt«. Der als Theologe hochgeachtete Abt von Stavronikita, Vater Basilios Gondikakis, vertritt dazu die Auffassung, daß es außerhalb der orthodoxen Kirche keine Heiligkeit geben kann. Franz von Assisi sei »vielleicht ein großer Mann, aber kein Heiliger«. Schließlich teilt mir Alexis aus dem unerschöpflichen Zitatenschatz seiner Wahrheitsfestung das denkwürdige Wort von Vater Theoklitos mit: »Der Gott der Orthodoxie ist ein Gott, der strahlt, der katholische Gott ist eine erloschene Sonne.« So hat er es jüngst in einem bemerkenswerten Buch über das Mönchtum auf dem Heiligen Berg niedergeschrieben.

Ja, das Licht strahlt tatsächlich an diesem herrlichen Morgen, als wir uns durch die flache, blaue See der Athoshochburg, dem Kloster Große Lawra, nähern. Schon glitzern ihre Steindächer in der Sonne, uraltes Gemäuer mit waghalsig abgestützten Balkonen, Weinlaub über grünen, gelben und roten Balken. Ringsum die Wälder, die Felswände, eine einzige Pracht. So sitze ich ihm, ganz still geworden, gegenüber. Er im wahren Glauben, ich der römische Ketzer. Er spürt wohl meine Betroffenheit und reduziert sein triumphierendes Grinsen auf ein erträglicheres Maß. Aber ich will jetzt nicht mit ihm rechten und streiten, es gibt zuviel zu lernen, und wenn mich etwas fuchst, während wir im Arsanas, dem alten befestigten Hafen der Lawra, einlaufen, dann ist es unser westliches Unwissen über historische Zusammenhänge und die fortschreitende Aushöhlung religiöser Werte, wie sie uns von einem vermeintlichen Fortschritt der Gesellschaft ständig aufgedrängt wird. Unser Gott, eine erloschene Sonne? Es sind wohl vielmehr die Herzen, die nicht mehr glühen.

»Sei nicht traurig«, meint Alexis, als wir die Rucksäcke wieder aufladen und vom Boot springen, »du kannst dich noch immer zur Orthodoxie bekehren...«

Im Labyrinth der Großen Lawra

Als wir vor Jahren zum ersten Mal den Hafen der Lawra ansteuerten, befand sich auch ein Bischof an Bord. Es war Nikolaos, der Metropolit von Transsylvanien, dem wir bereits zuvor in Stavronikita begegnet waren. Ein gütig wirkender, etwas weltfremder Mann, der mir vor Anbruch der Nachtvigil plötzlich am Waschbecken gegenüberstand, unausgeschlafen im langen Unterhemd, alle meine Antworten auf seine Fragen nach Herkunft und Wohlbefinden mit »very good, very good« kommentierend. Dann aber erwartete ihn im Gründungskloster des Heiligen Berges ein grandioser Empfang. Eine ganze Prozession stand an der Klosterpforte unter dem großen Bildnis des heiligen Athanasius bereit; Fahnen, Kerzen und Weihrauchfässer wurden mitgeführt, und, beglückt von den Begrüßungsküssen der Würdenträger, zogen sie singend ins Katholikon.

Nach der Verehrung der alten Oikonomissa-Ikone, die Maria als »Verwalterin« des Klosters darstellt, schloß sich eine Besichtigung der wichtigen Kapellen, des Athanasiusgrabes, der Reliquien- und Schatzkammer sowie der Handschriften- und Büchersammlung an. Für die staunenden Fremden im bischöflichen Troß eine einmalige Gelegenheit, auf Anhieb mit der großen Geschichte dieses einmaligen Klosters konfrontiert zu werden.

Hier hatte jener poetische Zeitbegriff der Psalmen, »tausend Jahre sind wie ein Tag«, noch eine Spur Wirklichkeit und es scheint, als ob der unter sieben silbernen Ölampeln in der Kapelle der vierzig Märtyrer ruhende Gründervater noch immer durch das Gassengewirr dieser byzantinischen Klosterstadt geistere. Drüben im Gästehaus hat er noch selbst mit Hand angelegt; in der Apsis des Katholikons erinnert ein Marmorrelief an jene Stelle, wo er von hoher Kuppel aus zu Tode stürzte; dann zeigt ein Vater den Eisenstab, mit dem er auf Geheiß der Jungfrau gegen den Felsen schlug; neben der Christus-Ikone hängt noch das schwere Halskreuz, das er aus Buße trug; am Eingang der Trapeza stehen unerschütterlich die beiden mächtigen tausendjährigen Zypressen, die er und sein Nachfolger Euthymios eigenhändig gepflanzt haben.

Dabei ist bemerkenswert, daß dieser vitalen, ganz neue Wege einschlagenden Persönlichkeit nichts in den Schoß fiel. Überall hatte auf unheimliche Weise der »Aufhaltende«, der Teufel, seine Hand im Spiel, stets bemüht, den Drängenden und Bauenden zu zermürben. Mal sind es die Einflüsterungen und Versuchungen, die ihn heimsuchen, mal die Verweigerungen der alteingesessenen Anachoreten-Kolonie, die sich mit seinen Bemühungen um ein geregeltes Gemeinschaftsleben nicht abfinden will. Athanasius war seit seiner Jugend von der Strenge des Studiten-Klosters in Konstantinopel beeindruckt, deren auf Basilios den Großen zurückgehende Regel der »Schlaflosen« er leicht abgewandelt auf dem Athos einführen wollte. Dabei verfiel er bisweilen, wenn die Widerstände zu stark und die Widrigkeiten zu erdrückend wurden, der Resignation. Doch immer dann, wenn er aufzugeben drohte, half jene »Frauengestalt«, die er in illusionsloser Nüchternheit einmal sogar als eine Maskerade des Satans deuten wollte, ehe sie ihm schließlich ein Lichtzeichen gab.

So erscheint dieser beeindruckende Gründervater, dessen Wirken und Legenden uns auf Schritt und Tritt in der Lawra begleiten, keineswegs als bergeversetzender, übermenschlicher Pionier mit Axt und Kelle, sondern als ein hochbegabter, jedoch auch immer gefährdeter Mann Gottes, dem nichts leicht zufiel, es sei denn, er hatte es sich vorher bis zur Selbstaufgabe erkämpft. Da ist seine Vaterstadt Trapezunt, mit all ihren schimmernden georgischen, iranischen, altsyrischen Einflüssen, aber er verliert dort schon als Knabe die Eltern. Eine Nonne zieht ihn auf, von einem reichen Steuereintreiber gefördert; aus dieser Enge drängt es ihn jedoch bald an den Hof Romanas I. und in die kaiserliche Armee. Immer sind es tiefe Freundschaften, die ihm den Weg weisen. So etwa der Offizier Zenifezer, der ihm auf einer Limnosreise erstmals den Athos zeigt, oder der Abt Maleinos, der in ihm den Wunsch nach dem Mönchtum weckt, und schließlich das große Brüderpaar Nikeforos und Leon Fokas, der eine ein bedeutender Kaiser, der andere ein gefürchteter Feldherr, die schließlich seiner Vision eines eigenständigen, strengen Mönchlebens in einer unzugänglichen Wetterecke des Heiligen Berges, immer wieder großzügigste materielle Voraussetzungen verschaffen.

Selbst als Nikeforos 969 in einem Liebesdrama umgebracht wird, während seine Frau den von ihr begehrten Johannes Tsimikis zum Kaiser krönen läßt, bewahrt auch dieser dem Mönch in der Lawra weiterhin alle erdenkliche Protektion. Eine Kontinuität kaiserlicher Gunst, die von den bilderverliebten Mönchen in der Nikolaos-Kapelle als »Happy-End« verewigt worden ist: die Bildnisse Fokas und seines Mörders Tsimiskis harren hier vereint, jenseits von Gut und Böse auf den Anbruch eines besseren Lebens.

Das kaiserliche Typikon jedoch, und eine von den Eremiten und Narren in Christo noch immer angefochtene Goldsiegelbulle, die das Kloster des strengen Athanasius zu einer *laúra autodéspoto* erklärte und ihre reichsunmittelbare Unabhängigkeit bekräftigte, sollte bis zum heutigen Tag Bestand haben. Sind auch die Gründungen von Konstamonitou und Xeropotamou sowie die Niederlassungen rund um das Protaton von Karyes nachweislich älter als die Lawra, so besteht die 1963 anläßlich der Tausendjahrfeiern mit großem Pomp gewürdigte Großtat des Athanasius darin, dem mönchischen Leben auf dem Heiligen Berg einen durch die Zeiten hindurch verläßlichen Rahmen verliehen zu haben. Eine Grundlage, die allen Varianten der Gottsuche ihre Freiheiten läßt, sie jedoch vor allen Gefahren schützt, die ihr von innen und von außen immer wieder drohen.

So geht es uns nicht anders als den mehr als 11 000 Besuchern, die jährlich dieses große, abgelegene Kloster aufsuchen. Dies kann meist nur in den Sommermonaten geschehen, denn ab Oktober läuft nur noch ganz selten ein Schiff den sturmumpeitschten Lawra-Arsanas an; im strengen Winter ist das Kloster oft wochenlang von jedem Kontakt zur Außenwelt abgeschnitten. Sich innerhalb der weitläufigen Gassen und kleinen Plätze, zwischen Kapellen, Zellen und Wirtschaftsgebäuden zu bewegen, das ist wie ein Spaziergang durch die Geschichte. Doch selbst das Uralte wirkt nicht museal, es gilt noch immer, und spätestens wenn der Glöckner zu den Gebetszeiten sein lockendes heftiges Spiel erklingen läßt, bevölkert sich diese kleine verlassen wirkende Welt wieder mit Leben.

Dann verriegelt der Bibliothekar seine spartanische Schatzkammer mit mehr als 1600 Codices, darunter 650 besonders wertvolle auf Pergament. Die eifrigen Schreiber verlassen ihre Stuben in der Zentralkanzlei. Der Bäckerbruder überläßt seinem uralten Backofen die feuerrote Glut, und der Kellermeister schließt die Verschläge des verwinkelten Weinlagers mit köstlichen Crassi-Fässern. Überall nur schwarz-umhüllte Gestalten, deren eilende Schritte über die Steinplatten klappern und die glasierten jahrhundertalten Fliesen des Katholikons weiter glattpolieren.

Diesem Ruf der Glocken ist nichts vorzuziehen, und vom Balkon des Gästehauses aus, das früher einmal ein Hospital war, dessen kleine Kapelle den persischen Ärzten Kosmas und Damian geweiht ist, fällt es nicht schwer, sich diese Szenen zeitloser byzantinischer Gebetsvorbereitungen auch an einsamen Wintertagen vorzustellen, wenn eiskalter Wind durch dieses Labyrinth fegt und Schnee die weiten Bogenflächen der Steindächer bedeckt. Monastisch, so wäre diese Atmosphäre zu nennen, so wie immer schon, ganz streng und kompromißlos auf das »einzig Notwendige« ausgerichtet.

Das Kreuz im Weinlaub

Vater Awakum, dem wir in der Lawra begegneten, war zwar mit der legendären asketischen Gestalt aus dem Buch von Erhart Kästner identisch, aber er erschien nicht mehr als verwilderte und zerzauste Johannes-der-Täufer-Figur mit mageren bloßen Beinen im Traubenberg stampfend. War es die Berühmtheit, die er inzwischen durch die Veröffentlichung erlangt hatte, oder der hohe Besuch des Metropoliten, der ehemalige Einsiedler aus dem Gebirge oberhalb von Prodromou erweckte an diesem Abend einen durchaus gepflegten Eindruck, und dennoch unterschied er sich auf Anhieb durch eine spontane, strahlende Herzlichkeit von seinen würdevollen Mitbrüdern. Da war ein Glanz in den Augen, den man nicht mehr vergißt. Schon ergreift er unsere Hand, läßt sie erst gar nicht mehr los, und mit dieser liebevollen Geste führt er uns zu einem Ort, der in seiner erhabenen Schönheit einzigartig in der Welt ist: zu der Trapeza, dem kreuzförmig angelegten Speisesaal der großen Lawra.

Vater Awakum, dessen Erläuterungen wir ja gar nicht verstehen, ist dabei nicht der fachmännische Fremdenführer, sondern der leidenschaftliche Interpret der auswendig beherrschten Bibel, deren Szenen uns in den Fresken von Theofanis dem Kreter entgegenleuchten und schon zu entführen beginnen, so als berge dieser surreale, holzgetäfelte Raum das eigentliche Zentrum dieser kleinen, goldenen Stadt, deren Zauber nicht nur im Durchwandern der Jahrhunderte besteht, sondern gerade hier, in ihrem innersten Kern, sich noch einmal steigert und diesem Eingefangenwerden durch die Vergangenheit eine weitere ungeahnte Möglichkeit hinzufügt: den Einstieg in die großen Ereignisse der Schrift. Hölle und Paradies, Propheten und Märtyrer, die Jungfrau und das Abendmahl. Wie schwebend ist dieser Raum, ein trunkenes Schiff, tief und schwer im Ozean der Farben.

So ist es dann auch nicht von Belang, die griechische Wasserfallsprache des liebenswürdigen Greises ausdrücklich zu verstehen. Es genügt, in diese Augen zu schauen, sich von seiner glühenden Freude erfassen zu lassen, mit ihm von Bild zu Bild zu gehen und dabei zu spüren, wie er uns ganz widerstandslos immer stärker in den Bann des Eigentlichen zieht, das hier zeitlos waltet. Um sein rechtes Handgelenk baumelt die Gebetsschnur, an deren abgenutzten schwarzen Wollknoten er unablässig weiterfingert. Die andere, die schwere, dunkelbraune Arbeiterhand gestikuliert in einer alle Subtilitäten durcheilenden Eleganz durch das gebrochene ockerfarbene Licht dieses Raumes, als bemühe er sich, Blinden etwas von der Urgewalt dieser Bilderflut zu vermitteln. Man wird ganz klein und gesteht sich ein, daß es wohl nicht ein Eindruck, sondern eher die Realität ist, die uns dabei trifft: gegenüber der Botschaft der Bilder und der Präsenz dieses gütigen Mönches, der sie sich in einem langen Leben zu eigen gemacht hat, sind wir tatsächlich jene, die Augen und Ohren haben und doch weder sehen noch hören. Da steht er zwischen den glänzenden Marmortischen, in der totalen Genügsamkeit dieses Bilderglücks, in kindlicher, scheuer Erwartung, daß auch wir seinen bescheidenen Jubel teilen, und es ist da auch von Angesicht zu Angesicht eine Distanz, die Unfähigkeit, ihm soweit folgen zu können, das schmerzliche Eingeständnis, daß wir die eigentlich Armen sind und er, der besitzlose Alte, bereits die Fülle hat.

Beim monumentalen Bild der streng nach den Vorschriften der Hermeneia, des Malerhandbuches vom Berg Athos, dargestellten Wurzel Jesse fällt auf, daß sich die Baumsymbolik nicht auf die

Propheten des Alten Testaments beschränkt. Unterhalb der Könige Salomon und David, noch tiefer als der große Isaias befinden sich im dunklen Wurzelreich des Vorläufertums auch die Hauptgestalten der griechischen Antike: Galenus, Platon, Plutarch, Homer, Pythagoras, Aristoteles und die Sibylle. Man staunt und möchte fragen, was der Beitrag der illustren »Heiden« an dieser Stätte mystischer Hingabe denn soll, aber es ist nur der meisterlich konzipierte Nachweis für die tiefgreifende Symbiose von Byzanz, die den Anspruch verkörpert, antike Hochkultur und christlichen Erlösungsglauben zu vereinen. Diese optimistische Deutung der Vorbereitung der christlichen Offenbarung durch griechische Dichter und Denker lehrte schon im 2. Jahrhundert Klemens von Alexandrien, und die Sehnsucht nach Kontinuität lebt bis zum heutigen Tag etwa in der »Ununterbrochenen Philosophie« von Christos Yannaras fort, der davon überzeugt ist, daß nur die griechischen Kirchenväter und byzantinischen Theologen den Wesenskern der antiken Philosophie haben verstehen und deshalb fortsetzen können.

So wundert es auch nicht, daß in diesen Trapezafresken des Theofanis bei der Darstellung von Paradies- und Höllenszenen der heilige Sisois vor dem Grabmahl Alexander des Großen auftaucht und das kaiserliche Skelett mit der Frage »Auch du hier?« bestürmt. In der »mystischen Axe«, die von diesem grandiosen Speiseraum in direkter Linie zur heiligen Pforte des Katholikons führt, steht übrigens ein für all diese verwinkelten kulturhistorischen Zusammenhänge nicht minder bedeutsames Denkmal: Phiali, der Weihwasserbrunnen, dessen uraltes Gestein aus der bereits vom Geographen Ptolemäus beschriebenen antiken Stadt Athosa stammen soll. Die ehemals als Marmorschranken im Kircheninnern verwendeten Steinquader zeigen tatsächlich frühchristliche Reliefs, wie sie in Griechenland nur noch an den Außenwänden der Athener Eleftherioskirche zu sehen sind.

Der sich zum Kreuz verformende Rebstock hat auch den Wert eines Sonnensymbols. Der an Christus und den Stamm Juda erinnernde Löwe galt schon den Phöniziern als Todesgott, im alten Babylon erscheint er als Krankheitsdämon Lubartu. Der vor Raubvögeln flüchtende Hase schmückte bereits Jahrtausende vor Christus sumerische und hethitische Siegel. Der ewiges Leben verheißende Pfau wurde in der griechischen und römischen Antike als Vogel des Juno verehrt, noch bevor der heilige Augustinus über die »Unverweslichkeit« seines zähen Fleisches zu spekulieren begann.

So tun sich hier, wo seit einem Jahrtausend die Mönche der Lawra zum Schutz vor dem sich in den Spalten und Klüften der Klostermauern versteckenden »Widersacher« Weihwasser schöpfen, tatsächlich Abgründe auf. Es ist ein seltsamer Zwiespalt in dieser Abendstunde, nachdem es in den Gassen und Höfen ganz still wird: überall leuchten hier die Öllampen vor den Bildern der Erlösung, und immer wieder gibt es dabei auch Szenen, die uns darüber hinaus ganz tief blicken lassen: in die Nacht der Zeiten.

Wiedersehen mit Prodromou

Das Kloster der Rumänen hatten wir sofort ins Herz geschlossen. Als wir erstmals hierher kamen, war das wie ein Wendepunkt, die Reise erhielt plötzlich eine sonderbare Spannung, ein leises Knistern des Ungewissen. Makarios, der strenge Gastpater der Großen Lawra, hatte uns unerbittlich darauf aufmerksam gemacht, daß unsere auf 24 Stunden begrenzte Aufenthaltsgenehmigung in der reichen Athanasiusgründung abgelaufen war. Erst glaubten wir an einen üblen Scherz, aber der blasse Mann mit den dunklen Rändern unter den traurigen Augen kannte nur seine Vorschriften. So machten wir uns, ernüchtert von soviel Pedanterie, am späten Nachmittag noch einmal auf den Weg. Erst mißmutig, widerspenstig und den Alten verfluchend, schließlich jedoch alle Bedenken über Bord werfend; die Küchenbrüder hatten uns immerhin mit frischem Brot und weißem Klosterwein eingedeckt, notfalls würden wir unter freiem Himmel übernachten.

Aber vor uns lag ein herrlicher, uralter Athosweg, der sich mühsam durch dichte Macchia schlängelte, teils mit schweren Steinen in mönchischer Fronarbeit gepflastert, dann wieder federnder Waldboden ohne nennenswerte Steigung, ein Traumpfad, der wie im Märchen dunkel zuwuchs, dann wieder den Blick freigab auf den Athosgipfel oder auf sanft abfallende Waldterrassen, die nur noch die Weite des Meeres umsäumte. So geriet diese Abweisung zusehends zu einem stillen Triumph, der schließlich beim Anblick des sich nach zwei Wegstunden aus der grünen Wildnis erhebenden Klosters »Moldawikî Skíti toû Timîou Prodrómou«, der moldawischen Skiti »des verehrungswürdigen Vorläufers«, alle Erwartungen übertraf. Was uns so berührte, hat wohl auch etwas mit dem *genius loci* dieser abgelegenen Landschaft am Kap Akrathos zu tun. Hier beginnt ja der Einsiedlerhang, die Eremos, die Wüste der Asketen. Jetzt ist es fürs erste aus mit den mächtigen Klosterfestungen, den erhabenen Liturgien, den grandiosen Kunst- und Kulturschätzen. Jetzt gilt nur noch das strenge Überleben in extremen Lagen, hier wandelt der Athos sich zum Wesentlichen, wird hart und ernsthaft, aber hier leuchtet auch in der Verborgenheit der stille Glanz anspruchslosen evangelischen Glücks.

Das zu Ehren Johannes des Täufers in der Mitte des 19. Jahrhunderts errichtete Haus der Rumänen ließ uns gleich diese Veränderung spüren. Alles war von äußerster Armut, schien dem Verfall und Untergang anheim gegeben, aber die Handvoll Mönche, alte, zerlumpte, kranke, blinde Männer, die diesen Ort des Abschieds noch mühsam am Leben hielten, waren von einer Herzlichkeit, die alle Mängel vergessen ließ. Das wenige, das sie hatten, teilten sie großzügig. Über den zerfurchten Gesichtern der armen Greise huschte immer wieder ein strahlendes Lächeln. Keine Frage, daß das beste Zimmer für die Gäste bereits gerichtet wurde. In dieser Herberge der Besitzlosen haben wir uns gleich aufgenommen, angenommen, ja zu Hause gefühlt. Noch ein Flüsterwort, ob alles so recht sei, der Stock des Blinden klopfte auf den Gängen, noch eine Funzel im Hof, dann kam die Dunkelheit, und in der Stille der Nacht heulten vor der mit einem mächtigen Balken verbarrikadierten Klosterpforte die Wölfe...

Am nächsten Morgen eine halbe Stunde unterhalb der Klosteranlage dieselben Szenen des Elementaren. Wir wollten das Boot zur Westküste abwarten, aber ein plötzlich aufkommender Sturm machte diesen Plan zunichte. Von der Türkei her wehte ein trockener Wind, das Meer schwarz und streitsüchtig, ein altes Eisenkreuz neben dem Feuerlicht auf meterhohem Steinsockel befestigt, begann zu vibrieren. Wir flüchteten noch in eine verfallene Einsiedlerwohnung, und über Kap Akrathos brach die Hölle herein. Tobendes Unwetter, Blitz- und Hagelschlag, heulender Sturm, wild peitschende See. So stellt man sich das Ende der Welt vor.

Wir haben diese Bilder bewahrt. Apokalyptisch, mit der urwüchsigen Kraft ungeahnter Veränderung. Prodromou blieb uns deshalb immer die liebste, die intensivste Erinnerung vom Heiligen Berg, und als wir uns jetzt, nach all den Jahren, wieder von der Großen Lawra aus auf den Weg machen, geschieht dies nicht ohne Herzklopfen. Wie damals betreten wir noch das Totenhaus, wo sich Schädel und Gebein bis zum Dach türmen, und wieder ist da auch zum Abschied der Blick auf die Gärten: weitläufige Etagen, liebevoll gepflegt im schützenden Mauerrücken der uralten Befestigungsanlage.

Da ist wieder die Freude, diesen Pfad zu finden, seine mächtigen Steine und das wildwuchernde Geäst, das nicht stört, vielmehr der Eindruck von Untertauchen, Wegtreten, ein Dornröscheneffekt, der Archetypus vom Höhlengang, der sich ans lang ersehnte Ziel heranschleicht. Geruch von Wald und wilden Kräutern.

Aber dann bricht der Weg urplötzlich ab und stößt auf einen jener schrecklichen Forstwege, die Karyes mit dem äußersten Südosten verbinden. Es bleibt gar keine andere Wahl, als diese Richtung einzuschlagen, vorbei an Schutt und Felsblöcken, an Baumwurzeln und Dreckhaufen. Gelbe, staubige Erde, rücksichtslos plattgewalzt und diese Urlandschaft wie eine grobe Verletzung durchschneidend.

Es ist eine einzige Qual, zumal diese breite Piste keinen Schutz vor der Sonne bietet. So wird es ein Legionärsmarsch, hart und unromantisch. Dornröschen ist vor den Raupenfahrzeugen längst geflüchtet. Als wir dann schließlich zur Mittagsstunde das geliebte Prodromou erreichen, ist die Freude doch ungetrübt, denn die grausame Fahrbahn hat oberhalb des Klosterbezirks abbiegen müssen und kann so seiner Schönheit nichts anhaben. Aber mehr noch: alles erstrahlt hier im Leuchten des Wiederaufbaus. Die Wände sind weiß getüncht, neue Balken und Fensterholz glänzen in frischer Beize, dazu Geranien auf den Simsen, grün-weiß-rote Tupfer behaglicher Lebensfreude. Dann wieder die alte eisenbeschlagene Pforte, das Schattengewölbe, Sitzplätze für die Müden, glänzender, von tausenden Schritten abgeschliffener Stein. Und im Klosterhof die gleiche Impression mutigen Neubeginns. Wasser plätschert, Blumenbeete unter den Zypressen, die Kirche ein geordneter Mittelpunkt. Vor allem viel Weiß und viel Holz, das ganz Einfache, aber diese Genügsamkeit beglückt. Wir sind wieder in Prodromou, ja, es ist schön, wieder hier zu sein.

Couven hat sich die Mühe gemacht, ein beachtliches Paket Medikamente mitzuschleppen, die Dankbarkeit ist groß, und gleich sind wir wieder die Hochwillkommenen. Der Küchenbruder holt uns schon ab, und die Trapeza, mit ihren neuen Tischen und Fresken, bestätigt nur dieses Bild couragierten Anpackens. So lassen wir uns nieder, ganz gebannt von dieser Stunde der Überraschungen. Schon eilen sie mit Schüsseln und Tellern herbei: Kartoffelsuppe mit Dill überschüttet, ein Laib frischen Brots, dunkelrote Eschalotten aus dem Klostergarten, schwarze Oliven, Erdnüsse, ein großer Krug Wasser. Alles ganz schlicht, aber es gerät hier zum Fest der Wiederkehr.

So essen und trinken wir ganz langsam, nahezu genießerisch. An den Fenstern klettert das Weinlaub, der milde Wind läßt die Silberblätter der Ölbäume flimmern und glitzern. Spiele des Lichts in der Pause des Mittags. Dann draußen im Hof das Simandron. Schweres, tragisches Klopfen. Die großen, ernsthaften Stunden brechen an. Gründonnerstag, eine Wende, der man sich hier nicht entziehen kann. Selbst die sprühende Heiterkeit des Frühlings scheint für Sekunden innezuhalten und mit jedem monotonen Schlag auf das Holzbrett wird gewiß, daß sich schon die Schatten der Passion über Prodromou zu senken beginnen.

Ostervorbereitungen in der Lawra: ». . . wie ein Sparziergang durch die Geschichte.«

Vater Nikolaos: »Warum soll ich es leugnen, daß ich seine Nähe suchte?«

Das Herz des Vaters Nikolaos

Warum soll ich es leugnen, daß ich seine Nähe suchte? Seit Stunden schafft er in den Beeten des Klosterhofes unter den riesigen Zypressen. Ein emsiges Kommen und Gehen von den Rosen zu den Löwenmäulchen, ein Bücken und Stehen, ein Hegen und Pflegen mit Harke und Gießkanne. Manchmal führt er nachdenklich die braunen Finger in den krausen Bart, und ein verschwiegenes Grinsen verrät, was ihm wieder einfiel; er vergaß die rosa Tulpe drüben, und schon gilt ihr seine ganze Hingabe, kniend, mit beiden Händen das Erdreich formend, noch ein Grashalm, noch etwas Wasser. So geht es in schwebender Gelassenheit ununterbrochen hin und her.

Als er dann näher tritt und den Schlauch sprühend über seine kleine Licht- und Schattenherrlichkeit hält, sehe ich zum ersten Mal seine Stirn. Harmonisch geschwungene Falten, die in der Mitte ein tiefer Einschnitt trennt, ein Meisterwerk symmetrischer Gewaltenteilung zwischen Güte und Weisheit, deren fein gesponnenes Netz alle menschlichen Höhen und Tiefen trägt, sie haben sich ganz in ihm eingezeichnet, eingeritzt. Es ist auch ein Schriftzug des Leidens darin, mehr noch, diese Linien haben sich zu einer Geometrie des Mitleidens verformt, sind hindurch gegangen von der langen Prüfung zur Kompassion. Dann gönnt er sich endlich einen kleinen spitzbübischen Blick auf den Titel meines Buches »Glaube aus dem

Herzen«, eine Einführung in das Wesen der Orthodoxie, und die ganze Sorgenlandschaft dieses gütigen Vatergesichtes wandelt sich zu einem strahlenden Lächeln: »Ja das Herz«, so beugt er sich zu mir, »das Herz ist der entscheidende Ort.«

Und wie immer und überall auf dem Athos wird es ein langes Ost-West-Gespräch, hier jedoch, in dieser rumänischen Enklave zwischen der Strenge des Gipfels und der rumörenden Brandung des Kaps, weniger getragen von stolzem griechischem Pochen auf exklusive Rechtgläubigkeit, auch kein Privatissimum für den kleinen Integrismus, vielmehr ein lebensweises, mildes Fragen mit dem unaufdringlichen Augenzwinkern dessen, der die kargen Antworten längst weiß, der jedoch auch stets mit der unverkennbaren Zeichensprache seiner Faltenstirn eine diskrete Disziplin walten läßt, die uns vor dem Abgleiten ins Plaudern bewahrt.

So ist dann auch gleich ein unmißverständlicher Ernst dabei, der seine flüsternde Anspielung vom »Herz« flugs zum »Herzensgebet« weiterspinnt, und schon sind wir beim großen anthonitischen Thema, zentralstes Anliegen mönchischen Suchens, jahrtausendalt, von allen asketischen Generationen erstrebt, oft auch erlitten, manchmal erreicht. Wie alle entscheidenden Dinge des Lebens immer auch Anlaß zu leidenschaftlichem Streit, in den Geschichtsbüchern festgehalten, wie eh und je, wenn in der Kirche gegiftet wurde, mit häretischen Verdächtigungen, inquisitorischer Repression und dem fatalen Bannstrahl einer von weltlicher Gunst geschützten Synode. So auch hier, als zu Beginn des 14. Jahrhunderts der kalabrische Petrarca-Lehrer Barlaam die von der Hesychia, der Mystik der Herzensstille, schwärmenden Anhänger des Athosmönches Gregorios Palamas als »Nabelbeschauer« verspottete und einen furiosen Streit in der gesamten Ostkirche auslöste. Beide gingen so energisch aufeinander los, daß der Patriarch von Konstantinopel ihnen zunächst einmal eine »Schweigezeit« verordnete, die jedoch keine sonderliche Abkühlung bewirkte. Nachdem bereits zwei Synoden Palamas verurteilt hatten, schlug sich unter dem Einfluß der Eiferer vom Heiligen Berg Kaiser Johannes Kantakuzenos auf Palamas' Seite und ließ ihn zum Bischof ernennen. Der Hesychasmus, mit

Zentrum im Athoskloster Vatopedi, wurde offiziell anerkannt, für den Kritiker Barlaam folgte das Anathema der Blachernensynode und die Exkommunizierung.

Aber Vater Nikolaos hat für die kirchengeschichtliche Chronik dieser alten Kontroverse nur die Bezeichnung »Stroh« und für die modische Wiederentdeckung des Hesychasmus als Streugut der fernöstlich umwölkten Hippiekultur die Bekräftigung »noch mehr Stroh«. Er sagt das nicht in weltfremdem Übermut, sondern vielmehr mit einem leisen Bedauern, daß man diese so elementaren Dinge des Herzens zerreden könnte. Auch verweist er darauf, daß dieses Gebet der Herzensstille zwar auf dem Athos zu einer großen Blüte gekommen sei und bis zum heutigen Tag in der Verborgenheit weiterblühe, doch handle es sich dabei nicht, wie im Westen vermutet, um eine Methode noch um eine Psychotechnik, sondern um ein Ideal, das bereits von den Wüstenvätern erstrebt wurde und schließlich von dem Mystiker Symeon dem Neuen Theologen um die Jahrtausendwende als die Schau des »unzugänglichen Lichtes Gottes« umschrieben wurde.

Dazu heißt es bei dem Zeitgenossen des Athospatriarchen Athanasius wörtlich: »In einer ruhigen Zelle abgesondert in einem Winkel sitzend, bemühe dich zu tun, was ich dir sage: Schließe die Tür und ziehe deinen Geist von jedem eitlen und vergänglichen Gegenstand weg. Danach stütze das Kinn auf deine Brust und richte das Auge mit ganzer Aufmerksamkeit auf die Mitte des Bauches, d. h. auf den Nabel! Halte den Atem an, damit du nicht nach Belieben atmest! Suche drinnen in deinem Innern den Ort des Herzens aufzuspüren, wo von Natur aus alle Kräfte der Seele wohnen! Anfangs wirst du undurchdringlich dichte Finsternis finden; wenn du aber ausharrst und bei Tag und Nacht dich also mühest, dann wirst du — welch ein Wunder! — unaufhörliche Freude finden. Sobald nämlich der Geist den Ort des Herzens aufspürt, sieht er also gleich, was er (zuvor) niemals erfahren hat; denn er durchschaut den Schleier des Herzens und sieht sich selbst gänzlich in Licht gehüllt und in voller Klarheit.«

Für diese Schau des Lichtes, »in das Christus auf dem Verklärungsberg Tabor gehüllt war«, gibt es in der Vätertradition eine Fülle von Bezeichnungen, allesamt Crescendoversuche, dem »Unnennbaren« einen menschlichen Namen zu geben: Weg der Erkenntnis; Anbetung, die alle Räume übersteigt; Wachsamkeit des Geistes; das Werk der zukünftigen Zeit; die himmlische Lebensart; das Land der Lebendigen; das geheimnisvolle Schauen; das in Christus verborgene Leben; die überhelle Dunkelheit . . .

»Sehen Sie«, sagt Vater Nikolaos mit einem bekümmerten Lächeln, »das ist kein Theologenstreit mehr, hier wird ein ganz wesentlicher Unterschied zwischen dem östlichen und dem westlichen Denken berührt, es geht um das Mysterium, und das ist der Kernpunkt unseres Glaubens. Erbsünde, Dreifaltigkeit, Eucharistie, Kreuzestod, Auferstehung lassen sich nicht vor das Tribunal menschlicher Vernunft zerren, sie unterliegen auch keiner Mehrheitsentscheidung . . .«

Meine hilflose Frage, was man denn machen kann, beantwortet er nur mit einer schweigenden Öffnung seiner Gärtnerhände, und die Ritzen und Fältchen seiner Stirn formen sich zu einem gotischen Rätselbild. »Der Weg ist ebenso geheimnisvoll wie sein Ziel«, sagt er schließlich ganz leise, »er führt über Abgründe und durch die Hölle, er kann Jahre dauern und bedeutet Kampf mit einem unerbittlichen Feind. Der Weg heißt Demut und das Ziel Jesus.«

Dann schlägt er mir mit der flachen Hand zweimal auf die Knie und geht zu seinen Beeten zurück. Vom Zellengang aus sehe ich ihn wieder mit Rechen und Harke schaffen. Jeder einzelnen Blume gilt seine liebevolle Aufmerksamkeit. Als er schließlich über all diese Pracht den Schlauch hält und mit dem Daumen munter das Spiel des Wassers reguliert, leuchtet um seine hagere Gestalt das bunte Licht der Regenbogen.

Sternenhimmel, Judasnacht

Die Dunkelheit kam wie ein Überfall, man spürte förmlich, wie sich das vibrierende Licht plötzlich entzog. Noch ein Schimmer im Gartengrün, noch ein letztes Glitzern der Ölbäume im Wind, und die Nacht zum Karfreitag breitete ihren unheimlichen Mantel über Prodromou. Kein Schritt mehr auf den weiten Steingängen, keine Schattengestalt im leeren Klosterhof, wo die alten Zypressen wie unerschütterliche Wächter die geduckte Kirche umstanden, so als wüßten sie längst, daß diese schlimme Stille nur das Vorspiel eines langen, schlaflosen Klagens war. Knisterndes Atemhalten, bevor die unaufhaltsamen Dinge der Passion in Kraft treten. Sie sind schon ganz nahe, nur noch eine kleine Weile, die Spanne eines Herzklopfens. Wild, empört, voller Angst.

Als gingen sie erst einmal in Deckung, so sind die Mönche bereits am frühen Abend auf leisen Sohlen verschwunden. Wir waren ganz allein in der Trapeza. Eine Scheibe Brot, eine Handvoll Oliven und ein Glas Wasser. Sonst nur die blankgefegten Holztische, man schämt sich fast, überhaupt einen Bissen zu nehmen, aber da ist auch im strengsten Fasten eine Spur liebevoller Sorge für den Gast, den man nicht ungeschützt den Ungewißheiten dieser Nacht überlassen möchte. Doch es fällt schwer, nicht berührt zu sein von diesem tückischen Warten. Jede Bewegung, jeder Laut steigert sich im Halbdunkel der Ereignislosigkeit direkt ins Dramatische, als breche Unheil an. Aber das ist wohl der Nerv dieser Stunde.

Angezogen, sprungbereit liegen wir auf unseren Pritschen, die Fenster weit geöffnet, nur ein Öllicht flackert scheu. An der weißen Wand das Schattenspiel der Flamme, zuckend über dem süßlichen Bild eines Schmerzensmannes mit gefesselten Händen, Rohrstock und Dornenkrone. Ein Gutenachtbild für südliche Stimmungen, aber die Strenge ringsum reduziert die Kitschgebärde. Mehr noch, es paßt zu dieser schwarzen Fensteröffnung und dem dunklen Gewebe der Gärten. Draußen ist Judasnacht, draußen ist *gethsemani.*

Dann trifft uns der Schlag des Simandrons, unerbittlich, brutal. Ganz nah beginnt der Mönch mit dem Hammer seine Runde, trommelt wie von Sinnen seine Truppen herbei, als lärme der Feind, der Verräter schon vor dem Tor. Jetzt ist keine Zeit, keine Rücksicht für verträumte Schläfer. Hastig klicken die Schritte auf den Steinen. Marsch, Eile ist geboten, und dieses alarmierende Rufen verstummt erst, als auch der letzte Vater mühsam schlurfend im Katholikon verschwindet, eine Nachtgestalt, alt und gebückt, dann erst kehrt wieder Stille ein.

Als ich mich im Dunkel der Kirche vortaste, hilft mir der junge, in Paris studierende Mönch Maxime. So behalte ich ihn in Erinnerung, ganz nahe im Kerzenschein, ein mitleidvoller Blick und im Flüsterton seine gutgemeinte Mahnung, die Lesungen seien sehr lange, »vous allez vous ennuyer«. Doch dann führt er, wie nach einem peinlichen Versprecher, die Hand an den Mund, er hat es nicht so gemeint.

Und die monotone Dramatik nimmt ihren Lauf. Ja, lange, sehr lange Lesungen, unterbrochen nur von Prostrationen und dem spärlichen Spiel mit den Ikonenlichtern. Aber da ist keine Spur von Langeweile, vielmehr die auf eine ganze Nacht verteilte Spannung erregten Klagens. Eine Litanei der Schmach und Entrüstung, immer wieder anhebend zu neuen Vorwürfen, Bezichtigungen, Beschuldigungen, die nur einen einzigen treffen: Judas Iskariot, den *jehuda schekaria,* den Verräter, den Täuscher, den Falschen, den Betrüger, den Selbstmörder.

So wechseln Hohn und Verachtung einander ab, ungehemmter Haß, der sich bisweilen bis zur Schadenfreude steigert. Er sei von der »Rasse der Schlangen«, heißt es da hechelnd, »die Speise noch im Mund« habe er »gegen Gott komplottiert« und »nichts Besseres verdient«. Er hat »das Brot genommen und war wie ein Mörder«, er hat »Heiliges vor die Hunde geschmissen«, ein »Auswurf« ist er, dem am bekannten, übelbeleumdeten Ort Hakeldamache, dem Butacker, der »Leib auseinander barst und alle Eingeweide herausfielen«.

Dann werfen sie sich zu Boden, das Gesicht in den Händen verborgen. Ich folge ihnen, man schiebt mir gnädig eine Strohmatte zu, und ich möchte den Schatten neben mir fragen: Ist das denn alles? Ist denn keine Gnade? Hat der Unglückliche tatsächlich, so wie ihr eben töntet, die »Auferstehung am dritten Tage nicht gesehen?«

Fragen möchte ich diese traurigen Männer, ob der »Verrat« nicht vielmehr eine »Auslieferung« war und die Selbsttötung im dunkeln Hinnomtal ein Akt totaler Verzweiflung. Teilt nicht dieser Judas das Los Johannes des Täufers, des Beschützers dieses Klosters, der ebenfalls berufen war, »kleiner zu werden« (Joh. 4,30) und im Kerker des Herodes einem schlimmen Ende entgegen fieberte, bis hin zur abgründigen Frage: »Bist du es, der da kommen soll, oder müssen wir auf einen anderen warten?« (Lk. 7,19). Ein Theologe hat beide, Johannes und Judas, als »Auserwählte« bezeichnet, eine finstere Hommage. Zwei Männer aus dem innersten Kreis um Jesus, der eine von geiler Mörderhand enthauptet, der andere nimmt sich den Strick. Das ist das dramatische Material der Erlösung.

Sind nicht deshalb die Berichte von einer seltsam abgeklärten Ruhe? Jesus sagt nach der Umarmung am Ölberg nur: »Freund, dazu bist du gekommen?« Da ist noch eine Spur Zärtlichkeit, und später heißt es von Judas, daß ihn seine Tat »reute«, den Hohepriestern bekennt er gar: »Ich habe gesündigt, ich habe euch einen unschuldigen Menschen ausgeliefert.« (Math. 27,4). Dann nimmt das Schicksal seinen Lauf.

So fallen mir in dieser Schauderstunde östlicher Nachtliturgie all jene westlichen Theologen ein, die um Nachsicht mit dem Erhängten bitten. Sie hätten hier kein Gewicht, es wäre erschreckende Häresie. Und doch drängt es mich, gerade vor dem Hintergrund der Folterfresken dieser Kirche zu fragen, ob »Wahrheit« bloß ein abstraktes Stück großer Vergangenheit ist oder ob sie sich nicht unter der Last der Geschichte, etwa des in unseren christlichen Kirchen während Jahrhunderten geschürten Judenhasses und der Todeslager von Auschwitz, gegen alle Widerstände zu steigern, zu bereichern vermag. Bis hin zur verschwiegenen Demut, »keinen Stein zu werfen«.

So war es gut, daß die Spannung der Nacht von Prodromou mir keine Ruhe gelassen hat und mich Monate später ausgerechnet ein Mönch der Ostkirche im Zusammenhang mit der Verstrickung Judas auf die uralte Geschichte Jakobs verwies, dessen Sohn Josef von seinem Bruder Juda für zwanzig Silberlinge verkauft wurde. Dabei führt die Namenssymbolik Jesus/Josef, Judas/Stamm Juda zu Israel und somit zum Volk Gottes, zur gesamten Menschheit, deren Weg fortschreitet, beladen mit immer neuer Schuld und der deprimierenden Lebenskonstante der Untreue gegenüber Gott. Fragten nicht deshalb die Jünger am Abendmahltisch, als ihnen Verrat und Auslieferung angekündigt wurden, wie aus einem Munde: »Bin ich es etwa, Herr?«. Ein tatsächlich verräterisches Geständnis, jeder hielt sich für fähig!

Aber ich kannte diese Hinweise aus der Schrift so noch nicht, als ich, bedrückt von all den Klageliedern, die Kirche von Prodromou verließ. Draußen war große zeitlose Athosstille. Ein warmer Wind strich durch die Zypressen, und der Himmel strahlte voller Sterne, flackernd und greifbar nahe. So war an diesem einsamen Ort zwischen dem Schatten des Bergs und der dumpf rauschenden See bereits viel Trost, der alle Angst und Enge im viel größeren, unendlichen Glanz dieser Nacht wieder aufhob.

Karfreitag in der Wüste

Waren sie noch immer oder waren sie schon wieder in der Kirche? Nicht festzustellen an diesem Karfreitag, wolkenverhangen, regenschwer. Nebelfetzen zogen über Prodromou gegen den Berg. Die See war grau und durchsetzt von den weißen Kronen brechender Wellen. Wird heute noch ein Schiff kommen? Die Mönche, die wir um Auskunft baten, machten eine skeptische Miene. Hin und wieder stiegen sie auf einen der brüchigen Balkone und spähten hinaus aufs Meer. Geduld, Geduld, man weiß nicht recht, um Mittag vielleicht, spätestens um eins. Aber es sah nicht gut aus. Der junge Andreas fragte schon voller Erwartung, ob wir nicht zusammen Ostern feiern wollten, und es tat mir leid, ihn vertrösten zu müssen. Ich zögerte ja selbst.

Alexis war schon längst mit einer Gruppe junger Griechen in Richtung Westküste losmarschiert. Auch Couven drängte zum Aufbruch. Schließlich waren wir zur Osternacht im Russenkloster Panteleimonos verabredet und mußten jetzt zusehen, welchen Weg wir einschlagen wollten. Bis zum Bergdorf Hagi Anna blieben noch sechs Stunden, dann würde uns wohl ein Schiff mitnehmen. So saßen wir unausgeschlafen und etwas gereizt über unseren Landkarten. Schließlich zog auch Couven los. Vater Nikolaos wies ihm den Weg, meinte, nach einer kurzen, schwierigen Steigung werde es zunehmend besser, der Pfad führe direkt unter das

Athosmassiv, vorbei am Einsiedlernest Kerasia, zur anderen Küste. »Samstagabend in Panteleimonos«, so riefen wir uns zu, und er verschwand mit seinem roten Rucksack im Dickicht des Bergpfades.

So war ich ganz allein in Prodromou und empfand diese programmlose Stille wie eine Wohltat. In der Kirche begann die Liturgie der Kreuzverehrung, ein Cruzifix mit eingeschnitztem Corpus war unter der Kuppel aufgestellt. Zu jeder Seite brannte eine Kerze, und die zu Tode traurigen Gesänge hallten durch das Halbdunkel des Raumes. Kein liturgischer Pomp; wie alles hier im Rumänenkloster berührt das Einfache, Ländliche. Keine mächtigen Chöre, keine tragischen Rezitationen. Vielmehr dumpfes Gemurmel, schwarzverhangen, unspektakulär auf dieses bäuerliche Kreuz ausgerichtet, dem sie sich mit Kniefällen nähern und es schließlich umarmen. Man möchte meinen, mit Tränen.

Zu Mittag bringt Vater Nikolaos eine Scheibe Brot und einen Teller mit Oliven. Nein, kein Schiff wird es wagen, den Hafen anzulaufen, meint er resignierend, das nächste Boot sei erst für Ostermontag angekündigt. Schließlich gebe ich mir einen Ruck und mache mich auf den Weg. So lang kann ich nicht warten, jetzt zieht es auch mich nach Panteleimonos. Aber ich werde mich beeilen müssen.

Das erste Stück Weg ist ein uralter Steinpfad, der sich steil durch die Sträucher windet, ein echter Schmerzensweg, den ich noch gut in Erinnerung habe, von dem ich jedoch auch weiß, daß er oben alle Mühen lohnt. Da ist ein altes verwittertes Wegkreuz, den Eintritt in die Einsiedlerwüste ankündigend. Tief unten die Steilküste, zum ersten Mal der wilde, zerklüftete Süden des Athos. Zur Linken in der Ferne wie Abschiedszeichen die Silhouette der Lawrazinnen und die zahlreichen im Hochwald versteckten Kapellen. Großartig die Lage von Prodromou, ganz angeschmiegt an die waghalsige Bergterrasse. Absteigende Gärten, die grünen gepflegten Flächen wie Teppiche, dann stürzt alles senkrecht ins Meer. Zur Rechten jedoch, oberhalb der erschreckenden Wildnis von Ionna Kopula, die Höhle des heiligen Athanasius. Zweihundert Steinstufen führen zu einer Kapellennische, darin ein silberbeschlagenes Marienbild.

Die Mönche berichten, es stamme aus Palästina, die heilige Maria von Ägypten, eine ehemalige Dirne, habe bereits davor gebetet.

Es geht eine erschütternde Kraft von diesem einsamen Ort aus. So war es schon damals mit den Freunden hier oben, man zuckt zusammen, wird ganz still. »Was ist der Mensch, daß du seiner gedenkst«, möchte man fragen an dieser Nahtstelle, die ganz radikal aufräumt mit all unseren Vorstellungen von Heimat und Sicherheiten. Hier sind nur noch Abgründe, dunkle Schluchten. Athoskenner mahnen dann auch ummißverständlich, daß von Alleingängen in diesem Gebiet in jedem Fall abzuraten sei. Ich spüre diese Gefahren, aber da ist auch ein irrer Sog, es knistert elementare Freiheit, das Gefühl des Unverfälschten, Drängen nach Einstieg und Überwindung. Es gibt wohl nur wenige Augenblicke im Leben, die so intensiv das Wagnis der Existenz spüren lassen. Ganz oben verbirgt sich hinter schwarzgrauen Wolken der Gipfel wie ein drohendes Fabeltier, in der Tiefe das grüne, gierige Rebellieren der See, die sich kampfbereit gegen die Felsen stürzt.

So gehe ich, ohne eigentlich zu wissen weshalb, diesen riskanten Pfad weiter, nicht den breiteren nach Kerasia ansteigenden, sondern abwärts, quer durch die Felsenschlucht, wo zuletzt um die Jahrhundertwende ein Erdbeben eine riesige Mondlandschaft hinterlassen hat. Da ist auch eine Spur Hoffnung, bei den Malermönchen von Kavsokalivia doch noch ein Boot nach Hagi Anna zu erreichen, aber den Ausschlag für diese riskante Entscheidung gab wohl ein innerer Drang nach Wiederholung. Wer einmal hier zwischen Himmel und Erde unterwegs war, den zieht es immer wieder. Dann muß es geschehen.

Ganz allein, Karfreitag um drei Uhr diese Gottverlassenheit durchschreiten, das gehört zu den verrückten, aber unverzichtbaren Dingen im Leben. Stark lockt diese Grenze. Es ist eine Tabula-rasa-Situation, ganz gemacht für den Ort und die Stunde. Da ist tief in der Seele der Wunsch loszulassen. Nicht aufhören, abstürzen, wegtauchen kopfüber ins Bodenlose. Nein, vielmehr: sich dem ganz Wenigen überlassen, Platz finden im Geringen. Loslassen die

Fluchtwege, die Gedanken und Sicherheiten. Das ist ja unsere panisch verdrängte Angst: alles, nur nicht das Eigentliche. Wenn es jedoch da wäre und zöge, wären diese Steinwüste und ihr gekreuzigter Gott Einstieg und Pforte zum verlorenen Paradies.

Keine Stimmungen mehr, alles ist abgeräumt, nur noch der nackte Mensch und die Unendlichkeit, rauh, berauschend, Hier könnte Becketts Godot warten und Heidegger das »Hineingehaltensein in das Nichts« erproben. Hier wäre auch der Ort, wo die blinde Wildnis unserer Malerei ihren eigentlichen Gegenstand wiederfände. Im Geröll über diesem Gewittermeer würde sie nicht mehr die Bildlosigkeit gestikulieren. Die Leere, die Gewalt der Stille über schmerzlichen Fragen, sie stünde ihr an dieser Küste mit harten Zügen trotzig Modell.

Aber aushalten, ausharren, das kann hier nur eine Neigung des Herzens sein, die sich in keiner »Theologie nach dem Tode Gottes« findet. An diesem Ort, zu dieser Stunde sich das Kreuz auszumalen, das heißt tatsächlich an Gespenster glauben. Der Wolkenvorhang zerreißt, die große Finsternis kommt übers Meer, und der Sturm läßt die Totenschädel in den hohlen Felsengräbern der Einsiedler noch einmal erzittern. Wer jedoch noch immer nicht glauben will, es sei Gottes Sohn gewesen, der sich da zu Tode schrie, der möge hochmütig unter Donnerschlag und Blitz weitergehen. Er wird hier auf Schritt und Tritt neuen Grund für Verzweiflung finden, aber wehe, ihm begegnet der stille Blick eines Beters, es wird ihn in Flucht und Tränen treiben. So wie die dunklen Gestalten der vergangenen Nacht, Petrus und Judas. Wir sind alle nur Gescheiterte.

So lese ich, an die Felswand gelehnt, noch einmal, ganz langsam, Wort für Wort den Sterbepsalm »Mein Gott, mein Gott, warum hast Du mich verlassen?« und es ist gut, gewiß zu sein, daß da ein armer, geschundener Mensch um sein Leben winselt und nicht ein durchtrainierter Pantokrator-Christus mit lässiger Segenshand eine Großtat der Heilsgeschichte vollstreckt. Junge Farren, reißende Löwenrachen, Rudel Hunde umstehen auch ihn. Jetzt ist er den ihn bergenden und sanft wiegenden Marienhänden entschwunden. Die Lieblichkeit und der Goldglanz aller wundertätigen Athos-Ikonen bieten keinen Schutz mehr in dieser schlimmen, letzten Zone des Menschseins. O Haupt voll Blut und Wunden, jetzt gehört er ganz zu uns.

Aber selbst das schmachtende Staunen der Kunstgeschichte kann ja nicht vertuschen, daß es den meisten Heiligen, die uns in diesen Klöstern von den Freskenwänden so hager und dunkel anblicken, nicht anders erging. Entsagung, Folter und Martyrium waren ihr Los. So zuletzt noch in der Koukouzelissa-Kapelle der Lawra, wie von Magritte gemalt, erscheint der Täufer in einer erschreckenden Szene als Engel mit dem eigenen Haupt in der Hand. Ich sah hier den schreienden Jonas im Hals des Fisches, Orestes von wilden Pferden zu Tode geschleift, den gütigen Ignatios Theophoros von Raubtieren zerrissen. Und gestern erst im Vorhaus der Kirche von Prodromou? Ein einziges Stechen, Rädern, Steinigen, Enthäuten, Schlagen, Schneiden. Ein Schlachtfest, überall spritzt das Blut.

Es hat zu regnen begonnen, unten, dreihundert Meter tief das Meer, streitsüchtig, schwarzblau, wie zum Angriff entschlossen. Höchste Zeit zu gehen, und ich frage, was das für eine Religion ist, die Gott einen schrecklichen Menschentod sterben läßt und ihre Heiligen wie die Lämmer abschlachtet. Die Panagia steht unter dem Kreuz. Alle Herzen gebrochen. Das ist die Niederlage. Kein Leben, das da nicht hindurch müßte.

Die Hütte an der Baumgrenze

Der Einsiedler sah durch mich hindurch. Er stand aufrecht im Fenster eines kleines Holzhauses und blickte aufs Meer. Die Augen schienen müde und traurig. Nur der Mund öffnete sich in gleichmäßigen Abständen, als forme er ein kurzes Wort, das den langen, grauen Bart erzittern ließ, bevor er es mit langanhaltendem Atem wieder in sich hinein versenkte. Der Regen trommelte auf das Wellblechdach, eine Szene heftiger Monotonie und Schwermut. Dann verschwand der Alte, und zurück blieb das leere schwarze Fensterloch mit dem erbärmlichen Rahmen. Graues, billiges Holz, von Wind und Wetter blankgefegt.

Ich glaubte diesen Platz wiederzuerkennen. Da stand noch gespreizt über den Etagengärten jener große Kirschbaum, in den uns vor Jahren zwei alte Mönche einluden. Wie ausgelassene Kinder sind wir damals in seinem grünen Schattendach herumgeklettert, Mund und Finger dunkelrot gefärbt vom Saft der Früchte. Die Szene ist ganz tief ins Herz gegangen, hatte sie doch noch einmal die Sehnsucht nach der unwiederbringlichen Freiheit der Kindertage geweckt, ein leiser melancholischer Stich, den die väterliche Nähe der Alten aufnahm. Dann traf uns ein dunkler Blick. Alles war da und verstanden.

So erschrak ich, als sich plötzlich die Tür öffnete und ich wieder in dieselben Augen sah, die mich wie Feuer trafen. Kein Zweifel, es war Pavlos, der jüngere der beiden, jetzt aber ganz ergraut, mit langem, schütterem Haar, das im Nacken geknotet war. So stand er vor mir, eine hagere Wüstengestalt, in elenden Klamotten, die ihm auf den Rippen klebten wie ein immer wieder geflickter Sack. So trat er näher und nahm meine Hand kurz und fest. Sei willkommen Freund! So ergriffen mich diese Beter- und Arbeiterhände, die jetzt, als sie groß und mit kräftigen braungebrannten Adern an ihm herunterhingen, hilflos, wehrlos wirkten.

Diese Hände hatten die Qualität seiner Augen und darin funkelte sein innerstes Geheimnis. Ganz einfach und unsagbar schwer zugleich. Ich sah auf die Hände und glaubte, daß sie mich anblickten. Kehrte ich jedoch in die Augen zurück, war es, als ob sie mich festhielten, so wie man ein Kind festhält in liebevoller Sorge, als könne man nicht Hände und Augen genug haben, es zu beschützen und sich über seine Gegenwart zu freuen. Aber jenseits von Augenblick und Händedruck war etwas ganz anderes. Ich spürte sofort, daß eine unheimliche, nie dagewesene Kraft davon ausging, wobei ich mir nicht sicher bin, ob es nicht vielmehr ein Glanz oder ein Leuchten war.

Später erinnerte ich mich, daß mir eine Freundin umittelbar vor unserer Abreise erzählt hatte, es gebe auf dem Athos noch einige Mönche, bei denen man tatsächlich einen »Heiligenschein« erkennen könne. Ich hatte etwas gelächelt. Aber jetzt wurde mir klar, was damit gemeint sein konnte. Nicht darzustellende Schönheit, nicht in Worte zu fassende Güte, unspektakuläre Präsenz einer jenseits von uns waltenden Macht. Zwar als Einbruch und Anrühren bis in die letzte Faser spürbar, jedoch zugleich unüberwindliche Grenze. Das Geschaute ist zugleich unauslöschliches Erlebnis und Entzug, wir vermögen seine unerhoffte Fülle nie zu ertragen. Wir können auch nicht näher treten und es erfassen. Es zieht zugleich mächtig an und flößt nicht minder Furcht, Zurückhaltung ein. Man schreckt zurück vor der eigenen Unzulänglichkeit und fühlt sich dennoch aufgehoben, verstanden, akzeptiert. Der auf uns gerichtete Blick ist zugleich ein Spiegel des eigenen Herzens in all seinen verborgensten Sehnsüchten und Verstrickungen. Kein Zweifel, da ist jemand, der die Macht der Liebe hat. Glut vom Dornbusch, die er in seinen armen Händen bereithält für die Kälte tief in uns. Es ist von sanfter, erschütternder Gewalt, lange kann man das nicht ertragen.

Wenn mir eines für mein Leben klar wurde, dann, daß ich hierher kommen mußte. Mein Alleinsein in Prodromou und der Umweg durch die Steinwüste waren nur kleine, harmlose Fügungen, das Wiedersehen mit Pavlos möglich zu machen. Überhaupt erschienen jetzt all diese überraschenden Zusammenhänge und Zufälle, das glückliche Zustandekommen dieser Reise und die ganze Wanderung auf den verästelten Athospfaden wie ein diskret eingefädeltes Arrangement. Alles andere war plötzlich von untergeordneter, vorbereitender Bedeutung. Nur er gab dem Ganzen den eigentlichen Sinn.

Blieb ich zehn Minuten oder eine halbe Stunde in seiner Nähe, ich vermag es nicht zu sagen. Es war ja alles nicht mehr eine Frage von »Zeit«. Die wenigen Worte, die wir wechselten, einige Brokken kümmerliches Englisch, sie wären kaum von Belang, wir haben ja kein Gespräch geführt. Nur war da eine entscheidende Regung. Das Wort *children* löste sie aus, das mich, so wie er es sagte und mich dabei in die dunkle Güte seiner Augen zog, wie ein Blitz traf. Ja, augenblicklich wurde mir dabei klar, daß er alles, was mich in diesem Kontext bewegte, längst wußte. Geschockt, hilfesuchend zuckte ich zusammen, und er ließ mich verstehen, daß es das sei. Er hatte in mein Innerstes gesehen und bat mich, ohne Sorge zu sein, alles sei gut so.

Pavlos' mich umschließende Augen und Hände waren die Stimme seines Herzens. Aber das Herz dieses Mannes war so sehr vom Licht Gottes und von der Liebe zu den Menschen erfüllt, daß ihm der mühelose Durchblick gelang. Sein Leben in dieser Einsamkeit bestand ja seit vierzig Jahren in nichts anderem, als sich in diese unendliche Öffnung zu begeben, sich ganz leer und frei dafür zu machen.

Fürchte dich nicht, in dieser Gewißheit habe ich den alten Mann im Karfreitagsregen verlassen. Er hatte mich gebeten, noch einen Moment zu warten, und war wieder nach oben ins dunkle Hütteninnere verschwunden. Dann kehrte er zurück, mit einem Komvoschinion, einer schwarzen Gebetsschnur, in den Händen. Nein, keinen Penny wollte er dafür, er habe sie selbst geflochten, das sei jetzt unser gemeinsames Band. Sich festhalten am Namen Jesus, Erbarmen, Erbarmen, immer wieder. »Tenderly«, so lächelte er, »day and night.«

So sehe sich ihn noch oben an der Baumgrenze im Türrahmen stehen, die Augen, zwei leuchtend schwarze Punkte im zerfurchten Greisengesicht, die gefalteten Hände zum Gruß hoch erhoben. Dann habe ich mich auf den Weg nach Kavsokalivia gemacht und den Steinpfad hinabsteigend, liefen mir, wie einem kleinen Jungen, die nicht mehr aufzuhaltenden Tränen übers Gesicht.

Paul Celan in memoriam

Das ist der Zwiespalt unserer Ankunft in Kavsokalivia: Man wird empfangen wie ein König, gilt aber dennoch unmißverständlich als Ketzer. Vom Besuch der Gottesdienste wird dringend abgeraten, der Gastpater versteht es gar so zu arrangieren, daß man sich erst gar nicht in der Umgebung der Dreifaltigkeitskirche herumtreibt, wenn das Maultiergebimmel die sich nähernden Väter ankündigt. Im Gästehaus, das sich gleich am Bergpfad befindet, ist man jedoch der Hochwillkommene, dem die ganze Fürsorge des emsigen Bruders Germanos gilt, der die orthodoxe Strenge seiner älteren Mitbrüder zwar konsequent respektiert, jedoch bisweilen auch ein kleines Augenzwinkern des Bedauerns aufblitzen läßt, so als wolle er sagen: »Es tut mir leid, ich habe das nicht erfunden.« Immer wieder verschwindet der Wieselflinke mit seiner abgetragenen Kutte in die Küche, deren Zutritt nicht gestattet ist, und erscheint mit neuen Überraschungen. Erst das Täßchen *helleniko,* ein Krug Wasser, der *loukoumi,* dann wie eine kleine Heimlichkeit der Schnaps, wobei er vorsorglich auf das schlechte Wetter zu schimpfen beginnt. Die Frage nach dem Zeitpunkt der Karfreitagsliturgie überhört er ganz einfach, bringt jedoch statt dessen Teller, Besteck, Servietten und fordert dazu auf, sich auf der überdachten Terrasse bequem einzurichten, das Schuhwerk zu lösen, jetzt beginne der gemütliche Teil. Nein, an ein Schiff sei überhaupt nicht mehr zu denken, grinst Germanos, benutzt aber das deutsche Wort »Feierabend«, fordert auf zur Gelassenheit, mimt einen Schlafenden, er werde schon für alles sorgen.

Als schließlich nebenan mit dumpfen Glockenschlägen die Vesper beginnt, tischt er Bohnensuppe, Brot, Zwiebel, in Öl geschnittene Kartoffeln, Zitronen und Oliven auf. Schließlich erscheint er noch einmal wie ein Komplize mit einem Glas süßen Rotweins. Spätestens jetzt hat er alle Fastengebote außer Kraft gesetzt, bittet deshalb auch, das Gläschen möglichst rasch herunterzukippen, aber er hat uns nicht nur vom Gottesdienst ferngehalten, sondern sogar »schmecken« lassen, daß wir eben keine Orthodoxen sind. Mit einer Miene des Bedauerns, so als hätten wir vom verbotenen Baume gegessen, räumt er die leeren Teller und Gläser wieder weg...

Auch bei unserem ersten Besuch hielt uns ein Unwetter in Kavsokalivia fest. Zusammen mit einem jungen Schweizer mußten wir 48 Stunden hier ausharren, eine Zeit, die wir genossen haben, sie war von intensiver Stille und gab einen Einblick in dieses seltsame Malerdorf, das noch zur Jahrhundertwende mit den Stiftungen des Patriarchen Joakim III. aus Konstantinopel beehrt wurde, der sich in den Weingärten so etwas wie ein Landhaus einrichtete. Man spürt es auf Schritt und Tritt in diesem grünen Berghang: hier herrscht die gepflegte Beschaulichkeit einer etwas verwöhnten Kolonie, eine künstlerische Enklave mit den feineren Ansprüchen der Schöngeister. Fast villenartig, so möchte man diese Häuschen bezeichnen, überall Sonnenterrassen, Weinlaub; innen glitzert das Feingold der Ikonen, sitzen wohlgenährte Meister vor den Staffeleien, denen es an nichts zu fehlen scheint. Kavsokalivia, das ist auch ein bißchen St. Paul-de-Vence, aber zugleich lastet hier der Schatten der Gipfelregion wie eine stete, drängende Mahnung sich der Ursprünge zu entsinnen. Und diese sind sehr monastisch, mystisch. Es gibt sogar einige sonderbare, dunkle Begebenheiten.

Der Einsiedler Maximos, der im 14. Jahrhundert diesem herrlichen Flecken den Namen gab, würde wohl heutzutage in diesem eher mondänen Bezirk seinen Augen nicht mehr trauen. Um sich vor den Belästigungen der Besucher zu schützen, hatte er seine ärmliche Hütte immer wieder verbrannt. Die vier Lebensbeschreibungen, die über ihn im 15. und im 16. Jahrhundert verfaßt wurden, rühmen den Gründer des Ortes der »verbrannten Hütten« als einen großen und vorbildlichen Asketen. Gregorios der Sinait hat mit ihm einen bedeutenden Dialog über das Gebet geführt, die Kaiser Johannes Kantazunes und Johannes Paleologos baten ihn um Rat. Maximos galt als ein Meister des Gebetes der Herzensstille, in das er erstmals auf dem Athos auch die Muttergottes mit einschloß. Er verbreitete eine Aura, ein überirdisches Leuchten um sich und besaß obendrein die obskure Gabe der Levitation, die es ihm erlaubt haben soll, den Athosgipfel schwebend zu erreichen. Dieses Sicherheben und freie Schweben des menschlichen Körpers wird auch von mehreren katholischen Heiligen in der mystischen Ekstase glaubhaft bezeugt, etwa von der Kirchenlehrerin Teresa von Avila. In anderen fernöstlichen Religionen ist das Phänomen ebenfalls bekannt, wenn auch die Mystiker selbst sich nur mit großer Zurückhaltung dazu äußern. Eine befriedigende Erklärung, etwa durch die Parapsychologie, steht noch aus.

Von einem anderen Malermönch aus Kavsokalivia, Agihios Akakios, der in der ersten Hälfte des 18. Jahrhunderts hier lebte, ist ebenfalls eine außergewöhnliche Körperbeherrschung überliefert, er soll im Stehen, als der vornehmsten Haltung des Gebetes, sogar geschlafen haben.

In Zusammenhang mit diesem Phänomen ist es nicht uninteressant, die kuriose Begebenheit zu erwähnen, die dem Autor Erich Feigl hier widerfuhr. Als er Mitte der fünfziger Jahre zusammen mit seinem Freund Walter Rex und einem jungen amerikanischen Medizinstudenten den Gipfel bestieg, entdeckten sie nach einer in der Metamorphosiskapelle verbrachten Nacht in der Einsamkeit der Bergspitze einen hageren, hochgewachsenen Mönch in dunkelgrauer Kutte mit Lederriemen um die Hüfte, der nach byzantinischer Art Proskynisis übte, ein Gebet des sich ständigen Niederwerfens und langsamen Erhebens. Als sie sich jedoch ganz gebannt von der Schönheit dieser Bewegungen ihm nähern wollten, löste er sich vor ihren Augen in nichts auf. Alle Bemühungen, ihn wiederzusehen oder sein »Versteck« ausfindig zu machen, verliefen erfolglos. Als die drei jedoch am Nachmittag in verständlicher Aufregung das Gipfelkreuz verließen, stieß der junge Amerikaner plötzlich einen kurzen Schrei aus, denn der Mönch erschien erneut, sich flach auf den Boden legend, mit der Stirne die Erde berührend und wieder die Arme ausstreckend.

Die drei Männer staunten allerdings noch mehr, als ihr Bericht am Abend in Hagi Anna keineswegs Verwunderung auslöste, sondern zustimmende Anerkennung. Für die Mönche war völlig klar, daß sich der Proskynisis übende Mönch bei den dreien bedanken wollte, weil sie zuvor die Kapelle unterhalb des Gipfels gesäubert hatten. Es habe sich dabei entweder um den heiligen Maximos von Kavsokalivia, den heiligen Einsiedler Nilos oder gar um den heiligen Athanasius gehandelt. Das Phänomen dieser Erscheinung galt bei den Athosmönchen als erfreulich, jedoch keineswegs als etwas Außergewöhnliches. Es gehörte zu den Erfahrungen, von denen ihre Heiligenleben und Legenden immer wieder berichten, sie streben ja selbst ganz in diese Richtung der Loslösung fleischlicher Last und totaler Vergeistigung, eine Übung, die seit frühester christlicher Zeit zum geistigen Klima des Heiligen Berges gehört. Dann ist es kein Wunder zu nennen, wenn plötzlich die heiligen Väter erscheinen und Zeichen setzen.

Wenn man die Mönche in ihren kleinen, alltäglichen Gesten beobachtet, versteht man diese Einstellung besser. Immer wieder sieht man sie sich bekreuzigen und verbeugen, an abgelegensten Stellen im Gebirge stehen mit frischen Blumen geschmückte Kreuze, brennen vor kleinen Laternen-Ikonen die Öllichter. Hier gilt ein alter Baum als besonders bedeutend, weil er einem Heiligen Schutz gewährte, dort ist eine Quelle, deren Wasser Segenswirkung nachgesagt wird. Die geringste Spur, die hier Heil verheißt, wird liebevoll verehrt, man nimmt dafür manche Mühsal, manchen Umweg gerne in Kauf.

Die Berichte der Verklärung auf dem Berg Tabor werden dann auch immer wieder als Beispiel dafür angeführt, wie das ist, wenn die »andere Welt« plötzlich in unsere Kümmernis hineinleuchtet. Das Taborlicht ist zugleich Hoffnung und bereits angebrochene Endzeit, Ouvertüre der Parusie und offener Kosmos, da kann es im himmlischen Spiel souveräner Schönheit durchaus passieren, daß dort, wo die Schwerkraft der Sünde tapfer abgetragen wurde, eine Kostprobe, eine Vorfreude der Herrlichkeit gewährt wird...

Davon erzählen auch die alten Ikonen im Malerdorf Kavsokalivia: da strahlt Christus als »das menschliche Antlitz Gottes«, da leuchtet »die mit der Sonne bekleidete Frau«, da steigen im Himmel die Engel und Heiligen auf und nieder. Die alte Welt liegt in Trümmern, es ist keine Klage, keine Trauer, keine Träne mehr.

Eine schöne Fügung, daß mir in dieser Stunde, draußen bei einbrechender Dunkelheit auf dem Vorplatz der Hagia-Triada-Kirche, die ich nicht betreten darf und aus der die sonoren Klagelieder der Karfreitagsliturgie matt herüberklingen, ein lange vergessenes Dichterwort in den Sinn kommt. Paul Celan schrieb es nieder, der Jude, der Selbstmörder, der hier nie und nimmer eine Chance hätte. Ausgerechnet er, aber welche Macht der Nähe:

Es komme die Schuld über unser aller warnenden Zeichen,
es komme das gurgelnde Meer,
der geharnischte Windstoß der Umkehr,
der mitternächtige Tag,
es komme, was niemals noch war!
Es komme ein Mensch aus dem Grabe.

Das Drama der Schönheit

Wäre Dimitrios nicht erschienen, die Trauer hätte an diesem Abend ein schlimmes Spiel getrieben. Allein und ausgestoßen, so kam ich mir vor, es fehlte das behagliche Geschwätz der Freunde, vor mir lag der schreckliche Anstieg nach Kerasia, in aller Frühe würde ich aufbrechen müssen, um das Schiff in Hagi Anna noch zu erreichen, die große Osternacht bei den Russen in Panteleimonos rückte in weite Ferne, sie war zumindest jetzt sehr fraglich geworden. So verkroch ich mich in meinen Schlafsack, verfolgt von ängstlichen Bildern und der Gewißheit, in eine Falle geraten zu sein, fluchend und keinen Schlaf findend. Am liebsten wäre ich gleich aufgebrochen, aber es gab keinen Ausweg, nur der Sturm lärmte an den Fenstern und über dem Meer zuckten die Blitze.

Dann stand er plötzlich im Zimmer, sein sympathisches Grinsen im Schein einer Öllampe, durchnäßt, den Kragen hoch geschlagen, ein sehr später Gast in dieser Herberge der Einsamkeit. »Bonsoir mon ami«, in recht passablem Französisch meint er dann auch gleich, das müßten wir wohl zusammen durchstehen. Er war sofort auf meiner Wellenlänge.

Schon hörten wir Vater Germanos in der Küche hantieren, noch einmal wurde der Tisch gedeckt, noch einmal das großzügige Essen und der Wein. Dimitrios stutzt, trinkt dann aber doch. Überstürzt ist er in Athen aufgebrochen, hat seine Arztpraxis geschlossen, Seelenschmerz sei schlimmer, meint er, unbedingt habe er seinen alten Freund, den Maler Basilios, hier oben aufsuchen müssen, aber jetzt nach drei Stunden jage ihn »ein Dämon« zurück, nein, er könne nicht länger bleiben, sein Unternehmen sei gescheitert, er gebe zu, sich getäuscht zu haben, er müsse wieder nach Athen, zurück in den »warmen Lärm der Nacht«, zu vertrauter Musik, in die Nähe der Frauen. Es gehe um Kopf und Kragen, das frühe Boot in Hagi Anna sei seine einzige Hoffnung.

So laß ich ihn erzählen, kein Staunen und Fragen nach der verrückten Geschichte, sie war mir zutiefst vertraut, und er honoriert die verschwiegene Solidarität mit dem Geständnis, es sei die Malerei, die Kunst, die ihn hier hin- und herjage. Präziser, das Drama der Schönheit. Er sei vom Schönen besessen und habe sich noch einmal von der Illusion treiben lassen, daß ihm Basilios, »wenn nicht er, wer denn sonst«, ein Bild zeigen werde, dessen Kraft ihn zur Ruhe kommen lasse. »Kalokagathia«, sagt er mit einem Lächeln voller Einsicht in die Vergeblichkeit von Träumen: das zugleich Schöne und Wahre, das Herrliche und Gute, der Abglanz des Heiligen, die »Flamme der Dinge«. Aber, er habe es in der Zelle des Freundes nicht mehr gefunden. Die Ikonen seien »stumm« gewesen, an ihrer »Zerbrechlichkeit« gescheitert, kein Licht, keine »Ähnlichkeit« mehr. Ihm bleibe keine andere Wahl als die überstürzte Abreise, er schulde seinem erschrockenen Basilios diese Verletzung, alles andere wäre Betrug, Verrat, Lüge. »Weil ich ihn liebe«, sagte er ganz leise, »muß ich in der Not verbleiben, zurück ins Dunkel flüchten.«

Er sagt es noch immer mit diesem kleinen bitteren Lächeln um den Lippen, ein mokanter Zug, den er wie einen Schutz vor sich trägt, aber es ist nur der schwarze Humor des Sonderlings, eine makabre Selbstironie, mit der er die Widersprüche und Abgründe seiner Bekenntnisse etwas zu mildern versucht. Dieser Kunstnarr gehört zur aussterbenden Spezies des »marchand-amateur«, der jedoch nur dann etwas von seinen Schätzen veräußert, wenn er sich von einem Maler oder einem Bild »betrogen« fühlt. Er sagt es, als spreche er von einer unglücklich verlaufenen Liebesgeschichte, doch läßt er nicht zu, daß ich mich dabei amüsiere. Es ist ihm todernst, er leidet förmlich an dieser Sucht.

So versuche ich, seine schlimme Enttäuschung vom Nachmittag mit meinen Kenntnissen über die Andachtsbilder unserer alten flämischen Meister etwas zu mildern, aber nahezu leidenschaftlich weist er diesen Antrag zurück und belehrt mich mit einer Fülle von Plato- und Kirchenväterzitaten über die Schöpfung und den »göttlichen Eros als Geburt der Schönheit«, daß die »Emotionen des Abendlandes« als Alternative zu seinen hohen byzantinischen Idealen keine Chance haben. Der »Schmerzensmann« unserer gotischen Kathedralen sei nur die Darstellung des »verlassenen Gottes«, noch unerträglicher empfinde er »diese rheinische Blutmystik« und selbst die erschütternde Wehmut der Piétà hält seiner grundsätzlichen Kritik nicht stand. »Nur eine römische Trauergestalt«, winkt er verächtlich ab.

Schönheit sei jedoch »der Glanz des Wahren«, sie leuchte von innen, wie von selbst. Die Ikone bedeute deshalb auch keine »Darstellung«, »Kopie« oder ein »Abbild«, sondern bereits Präsenz des Mysteriums, ihr Lichtglanz gehöre zur »inneren Stimme der Dinge« das unmittelbar aus der »unerschöpflichen Glut des Dornbuschs« stamme. Uns fasziniere darin nichts anderes als ein »Schimmer des Göttlichen«.

»Das ist eure Katastrophe«, flüstert er aggressiv, »wenn überhaupt seid ihr noch zu weinerlichen Kreuzes- oder Eccehomo-Szenen voller Selbstmitleid fähig. Daß die Schönheit ein Name Gottes ist, will euch nicht in den Sinn, ihr glaubt weder an die Heilige Dreifaltigkeit noch an den Heiligen Geist, deshalb dieser anarchische Absturz eurer Kunst, die nur noch das Abwesende, Latrinen, Monster, Greuel und ihre eigenen Seelenqualen malt. Die westliche Kunst ist eine Galerie des Satans.«

»Und wo ist eure göttliche Schönheit geblieben«, frage ich erbost, »weshalb rennst denn gerade du heute wie ein Irrer nach Athen zurück? Weshalb malen eure so entrückten Mönche, und weiß Gott nicht nur die alten, ständig diesen glänzenden Fließbandkitsch? Zeige mir bitte in diesem Kaff eine einzige neue Ikone, die nicht rührselig die Vorschriften des abgegriffenen Malerbuches nachpinselt!«

Aber der zurückgelehnte Grieche genießt förmlich diese Replik. Als habe er mich gerade dorthin gelockt, lächelt er hintergründig, als ich ihm sage: »Wenn das eure 'Fenster zur Ewigkeit' sind, dann haben wir eine völlig andere Vorstellung von Himmel und Herrlichkeit. Woher, Dimitrios, nehmt ihr Griechen eigentlich diesen blinden Stolz? Woher dieses hochmütige Pochen auf Alleinbesitz aller Wahrheit?«

»Das ist eben der Punkt, mein kleiner verirrter ökumenischer EG-Ketzer«, grinst er provozierend, »die Kunst stirbt uns unter den Händen. Dostojewski wußte noch, daß die Schönheit unmittelbar vom Heiligen Geist ergriffen ist, und erkannte darin das Geheimnis der Geschichte. Unverzichtbare, lebensnotwendige Schönheit.« Er sagt es mit trostlosen Augen, kein Übermut mehr, verzweifelt, plötzlich ganz hilflos.

»Und wo wäre unsere Schuld?«

»Laß uns nicht von Schuld reden Belgier!«, flüstert er, während der übernächtigte schwarze Kopf des Gastpaters im Türrahmen erscheint und zur Ruhe mahnt, »viel dramatischere Dinge gehen vor. Ihr habt die Schönheit vor die Hunde gehen lassen, wir glaubten sie einsperren zu können. Ihr wollt nicht sehen, wir meinen, alles gesehen zu haben. So sind wir beide erblindet, es ist ein schlimmes Zeichen, wenn die Kunst das Licht verliert.«

Aber dann bläst Vater Germanos resolut die Öllampe aus. Es bleiben nur noch drei Stunden Schlaf.

»Feierabend, Feierabend«, so zischelt der Mönch entrüstet und verschwindet mit den klirrenden Tellern und Gläsern im Dunkel der Flure.

Aufgestiegen durch die Hölle

Über den Kirchplatz von Kavsokalivia wehte ein milder Wind. Das Mondlicht spiegelte sich in den Pfützen. Überall lagen abgebrochene Zweige und Blüten am Boden, aber es war, als wolle die Nacht noch vor Anbruch der Dämmerung mit dem Aufräumen beginnen. Totenstille, in der Ferne über dem Meer zogen die schwarzen Wolken davon.

Das Erwachen eben war grausam. Schadenfroh blinzelte mir Germanos im Schein der Öllampe zu. »Tempo, Tempo.« Wie ein alter Mann tastete Dimitrios nach seiner Brille. Erst das eiskalte Wasser draußen auf dem Flur half aus dieser lähmenden Ohnmacht. Ich verfluchte unsere kunstsoziologischen Ergüsse der vergangenen Nacht und erst, als mir der Vater ein Täßchen *helleniko* unter die Nase hielt, begannen sich die Lebensgeister wieder zu regen. Aber es blieb keine Zeit zum Träumen. Wie ein besorgter Mannschaftsbetreuer eilte der Mönch hin und her. Auf einer Papierserviette kritzelte er den Verlauf des Pfades nach Hagi Anna und malte dort überall einen Totenkopf, wo wir uns nicht hinbegeben sollten. Er prüfte das Schuhwerk und half in den Rucksack. Wie die meisten Griechen, die ich unterwegs traf, kam auch Dimitrios mit einer einfachen Tragetasche aus.

Unser Gastgeber lief noch einige Schritte mit und zeigte dann mit der Hand auf den Hang, immer geradeaus, immer höher. Neben uns schoß Bergwasser in ein Steinbecken. Dann ruft er uns noch etwas nach, die Steine klicken schon unter den Füßen, ich verstehe nur »kyrios«, »geht mit Gott!« soll es wohl heißen, und ich empfinde zum ersten Mal echte Zuneigung für diesen immer etwas nervös wirkenden Mann in der verdreckten Kutte. Stets war er für uns zur Stelle, unaufdringlich, hilfsbereit, ein großes Herz in rauher Schale.

Bereits nach wenigen Minuten des Anstiegs muß ich einsehen, daß es aussichtslos ist, Dimitrios folgen zu wollen. Wie eine Gams steigt er über Stock und Stein, wartet immer wieder gnädig, bis ich mühsam herankeuche, aber so werden wir das Boot nie erreichen. Es bleiben gerade noch drei kurzbemessene Stunden, und so bitte ich ihn, nicht länger auf mich Rücksicht zu nehmen. Er lehnt das entrüstet ab, das sei gegen die Ehre des Bergsteigers, man lasse niemanden allein zurück, schon will er meinen Rucksack nehmen, und ich muß ganz energisch darum bitten, jetzt nicht länger zu zögern. Es hat keinen Sinn, wenigstens er hat die Chance, noch nach Hagi Anna zu kommen. Mein Vorschlag, dort zu versuchen, die Bootsleute aufzuhalten, läßt ihn einlenken, und schon zischt er ab zwischen den Felsblöcken.

Für mich wird es ein demütigender Anstieg, eine einzige Qual. Es ist nicht nur die schmerzliche Erfahrung der Schwäche, jeder mühsame Schritt bestärkt auch die Gewißheit, daß die Überfahrt nach Panteleimonos, das Wiedersehen mit den Freunden und die festliche Osternacht im Russenkloster unerreichbar werden. So wird diese Stunde zwischen Nacht und Tag, während oben im Berg das Licht schon zu spielen beginnt und über dem Meer der Mond wie eine blasse Kugel seine Bahn zieht, eine Erfahrung der Erniedrigung. Immer wieder einhaltend und neu Atem schöpfend, empfinde ich ein inneres Ringen. Heimsuchung, allerletzter verzweifelter Widerstand, sich in das Unvermeidliche zu fügen, ein demütigender Kampf.

Später hat man sich gesorgt, daß ich diesen Steilpfad allein hinauf geklettert bin, es sei wiederholt vorgekommen, daß Wölfe eine Verletzung oder Schwäche zum Angriff genutzt hätten. Ich habe weder Wölfe noch sonst ein Tier gesehen, viel schlimmer schien mir, daß mich die riesigen Felsen und zerklüfteten Bergwände wie erschreckende Dämonen anstarrten, ihre scharfen Krallen nach mir ausstreckten oder mich von den entrückten Höhen herab verhöhnten.

Ich sah auf Kavsokalivia da unten am Meer und erkannte mich wieder in seinen Ikonen von der Höllenfahrt, die ja nicht nur, wie in den dämonischen Bezirken des Hieronymus Bosch, mit dem Folterwerkzeug feuriger Teufel drohen, sondern das böse Spiel viel weiter treiben, als mit körperlichem Schmerz zu erschrecken. Ihre Satansfratzen jenseits des Grabes sind die Boten endgültiger Gottesferne und totaler Hoffnungslosigkeit, der Mensch nur noch als der Wolf des anderen, all sein Denken und Fühlen eine vergebliche Leier sinnloser Logik, tierischen Leidens. Schleppen wir diese Schreckensszenen mit wie Sumpfgestalten aus dem dunklen Teich des »kollektiven Unbewußten«, einem Sammelbecken menschlicher Urängste? Unbewältigte Kinderpanik? Aber der Hochmut westlichen Fragens schmilzt sehr schnell dahin auf diesem Berg. Man wird ganz klein, ganz still.

So ist die Dämmerung hinauf nach Kerasia, der unmittelbaren Grenze zur Athosgipfelregion auch ein gequältes Nachdenken über den Karsamstag und die Totenstille des Grabes, aber darüber hinaus auch über das peinliche Schweigen, mit dem in unseren Kirchen das »triduum mortis« zunehmend ignoriert wird, so ähnlich wie die Wohlstandsgesellschaft Sterben und Tod mit geschäftiger Hektik und aufgeklärtem Lärm aus dem Bewußtsein verdrängt. Man möchte nicht gerne daran erinnert werden, und im Angesicht des in die Hölle hinabsteigenden Christus verfällt auch die anpasserische Kirche in eine Pause liturgischer Sprachlosigkeit. Der Tag vor Ostern wird gestrichen.

Vor diesem Hintergrund tiefen Unbehagens erhalten die Visionen der 1967 verstorbenen Basler Ärztin und Mystikerin Adrienne von Speyr auch für die Höllenfahrt-Ikonen der Athosmönche zusätzlichen Informationswert. Einer der bedeutendsten Theologen unseres Jahrhunderts, Hans Urs von Balthasar, der siebenundzwanzig Jahre in enger Zusammenarbeit mit ihr erlebt hat, ist ein unverdächtiger Zeuge dieser merkwürdigen Ereignisse, die seit 1941 Jahr für Jahr anläßlich der Kartage mit besonderer Intensität auftraten. Für den hochgelehrten Forscher enthüllte sich dabei, wie er berichtet, »eine Landschaft des Leidens«, die vor allem vom frühen Abend des Karfreitags bis in die Morgenstunden des Ostertags tiefe, schwer nachzuvollziehende Abgründe aufriß. Das, was sie immer wieder in präzisen und gescheiten Schilderungen darüber berichtet hat, handelte von der gottlosen Realität der Hölle, die Christus nicht wie ein triumphierender Todesüberwinder durchschritt, sondern jenseits des Sterbens als einen ungeahnten Ort des Chaos erfuhr. Hier begegnet er dem gestaltlosen Grauen der von den Menschen getrennten Sünde. Sozusagen eine Deponie des Bösen, eine Abfallmasse kosmischen Ausmaßes, aller Unrat der Weltgeschichte hat sich in dieser Unterwelt zu einem Riesensumpf angesammelt, dessen schlammigen Strom die Visionärin den seltsamen Namen »Effligien« gegeben hat: das Material der Dunkelheit, der Abschaum des Widergöttlichen. Adrienne von Speyr geht gar soweit, daß sie in dieser Hölle ein »letztes Geheimnis des Schöpfers« zu erkennen glaubt, das der Sohn sich im Abstieg »experimentell« aneignen, erwandern muß. Er steigt so tief hinab, bis in die untersten Räume, wo kein Licht Gottes mehr durchdringt, wo Gott nicht mehr ist, weil er die Freiheit des Menschen in Kauf genommen hat und ihm einen für ihn unzugänglichen Ort gewährte, wohin die Substanz seiner Sünde abfließen kann.

Hans Urs von Balthasar, der auch als ein großer Kenner der griechischen Kirchenväter gilt, hat diese Sicht als eine »in der gesamten Theologiegeschichte einmalige Erfahrung« bezeichnet. Die Hölle sei somit in »ihrer letzten Möglichkeit« ein Ereignis der Dreifaltigkeit. Am Karsamstag habe der Vater dem Sohn dazu »den Schlüssel« übergeben. Dies rechtfertigte den »Überschwang der christlichen Hoffnung über die Furcht« und gebe doch dem ganzen Problem einen »nie gekannten Ernst«.

Demgegenüber sind die Athos-Ikonen von der Höllenfahrt trotz ihrer dunkelhäutigen Satansgestalten optimistische Szenen vorverlegter Osterfreude. Der Hinabstieg ist bereits eine Siegesfahrt. Engel legen den Teufel in Ketten. Die Tore des Hades sind aufgerissen, Christus zertritt sie, zieht Adam und Eva am Handgelenk aus ihren Gräbern. David, Jonas, Isaias, Jeremias und die Propheten schauen beglückt zu. Johannes der Vorläufer, diesmal mit Haupt, zeigt auf den Retter.

Diese Darstellungen orientieren sich an Berichten aus den apokryphen Nikodemus- und Bartholomäusevangelien, die beide ein rauschendes Bild der Befreiung überliefern. Dem »Starken«, dem »Feind« wird ein »Narrenkleid« angelegt. Nikodemus spricht von einem »Hinabtrinken in den Bauch des Hades«, und Bartholomäus schreibt überschwenglich: »Und ich trat ein und ergriff ihn und schlug ihn mit hundert Schlägen und band ihn mit unlöslichen Fesseln«. Szenen des Triumphes, die auch die Darstellungen der Kirchenväter bestimmen. Gregor von Nyssa schildert den Teufel als »Lockspeise am Angelhaken«, Origines benutzt das Bild vom »Vogelnetz«, Augustinus spricht von der »Mausefalle«, in die der Satan ging. Voller Poesie schreibt Meliton von Sardes über »die Sonne des Anfangs, die auch den Toten im Hades schien«.

Im Protaton von Karyes sah ich dagegen ein viel abgeklärteres Bild, jenseits von Chaosschlamm und Siegesjubel. Es ist ein Fresko Panselinos aus dem 13. Jahrhundert, das einen sorglos schlafenden Jesusknaben zeigt, eine Szene aus Jakobs Weissagungssprüchen: »Da er sich niederlegte, ist er eingeschlafen wie ein Löwe, wie ein junger Löwe; wer wird ihn erwecken?« Die Höllenfahrt als Erholungsreise eines jungen Gottes? Aber die Geheime Offenbarung gibt der friedlichen Szene die ernsthafte endzeitliche Dimension zurück: »Weine nicht! Gesiegt hat der Löwe aus dem Stamm Juda, der Sproß aus der Wurzel Davids; er kann das Buch und seine sieben Siegel öffnen.«

Nach einem Anstieg von etwa fünfhundert Metern führt der Bergpfad hinter einem schweren Felsbrocken in ein Waldstück.

Hier haben die Mönche ein kleines Kreuz errichtet, dessen Inschrift ich nicht zu entziffern vermag. Aber der Boden davor ist wie reingefegt, Blätter, Dornen und Äste wurden säuberlich .entfernt. In der Mitte des so entstandenen Kreises liegt ein schwerer Stein und darunter unverkennbar ein Fetzen von Vater Germanos weißem Serviettenpapier. Mit blauem Filzstift steht darauf zu lesen: »Courage. Dimitrios«.

Überglücklich stecke ich diese Botschaft in meine Tasche. Jetzt ist wieder Kraft und Mut da. Und befreit von allen dunklen Höllenbildern, steige ich im ersten Sonnenlicht des Karsamstags bergauf nach Kerasia.

Oberhalb von Kavsokalivia: »Ach die Eigenliebe, diese Alleshasserin . . .«

Kloster Dionysiou: ». . . unser Schiff kann den Hafen nicht anlaufen.«

»Anachoreten, gebirgauf verteilt...«

Wie Kristall träufelt das Wasser in den Brunnen. Im hellen Grün der Kastanien spielt der Wind, uralte, kräftige Stämme, die diesen Ort der Pause wie eine Nische schützen. Fingerkraut steht knallgelb am Wegrand, der Judasbaum treibt Blüten. Schwarze Maultiere, die in dieser Abgeschiedenheit ihren Durst stillten, ergreifen die Flucht, ihr dumpfes Getrappel eine Spur Wildnis. Und so ist in dieser Morgenstunde nur ganz wenig, nur ein bißchen Licht auf den feuchten Steinen, das helle Blätterdach, ein Stück Himmel, verläßliches Blau, Waldboden, der Geruch der guten, alten Erde. Aber es ist alles. Man kann es nur unbeholfen Glück nennen oder Ankunft, vielleicht auch Heimat. Der nicht geographische Ort stiller Freude.

Kein Aufhebens mehr wegen Wegstunden. Das ist die väterliche Seite des Berges, plötzliche Leichtigkeit, mit Macht das Elementare. Nicht zu ermessen, nicht festzuhalten. Eine uralte Lektion, nur wenige Silben, immer dasselbe und doch so schwer. Etwas ganz Kostbares, Behütenswertes, empfindsam wie der Staub von Blüten.

Hier ist jetzt der Weg, der sich wie ein Kranz um die Berghöhe schlängelt. Ein Rundpfad, nahezu verführerisch. Unmittelbar darüber die königliche Wucht des Marmormassivs, die einsame Gipfelregion, Schneefelder, unten die Verwegenheit stürzender Wälder, die Felswände der Einsiedlerwüste, wie abgestützt von der blauen See. Hier und da Glitzern von Steindächern, das Kuppeldach einer Kapelle, kleine Mönchsbauernhöfe.

Kerasia (Kirschbäume) und Karoulia (Zugwinde) heißen diese Vorposten. Eine Siedlung ist dem heiligen Basilios geweiht, in Katounakia liegt das Danielion, eine nach seinem in Smyrna geborenen Gründer Daniel benannte Malergemeinschaft, ganz entrückt von der behaglichen Sicherheit der Großklöster und Waldhöfe, aber, wie man hört, stille Stätten voller Eifer und Gebet, zu denen es immer mehr die Jungen zieht. So leben bereits verfallene Hesychiasterien wieder auf. Da versammelt sich ein Dutzend junger Männer um einen alten, weisen Vater. Das Leben ist von äußerster Kargheit, stundenlanges nächtliches Jesusgebet in der Zelle, gefolgt von der Liturgie bis in die Dämmerung, dann Waldarbeit, Malerei, ein Fastenessen und ein bißchen Schlaf. Jahraus, jahrein. Manchmal wechseln solche Gemeinschaften wie auf ein Zeichen des Himmels ihren Standort, folgen hingebungsvoll dem geistlichen Vater in diesen oder jenen abgelegeneren Ort. In Hagios Artemios von Provata oder dem Kellion Hagios Nikolaos in der Nähe von Karyes, trauten die letzten verbliebenen uralten, russischen Mönche ihren Augen nicht. Aber diese Rückkehr zu den Traditionen strenger Einfachheit ist wie vitale Bewegung, die neue Hoffnung sprießen läßt, daß es mit dem Mönchtum auf dem Athos, dem »Stolz der Orthodoxie«, entgegen aller statistischen Rückschläge nicht zu Ende geht.

Die Einsiedler Joseph, Ephrem, Charalampos oder Sophronios haben in diesem Jahrhundert in den abgeschiedenen Höhlen und Zellen dieser Region eine lange Zeit ihres Lebens verbracht, von ihren Brüdern werden sie schon wie Heilige verehrt, doch ist es erstaunlich, von Augenzeugen zu hören, wie unerbittlich diese Männer, deren Werk erste Früchte zu tragen beginnt, gekämpft und gelitten haben. Es sind keine süßlichen Szenen weltabgewandter Gottesschau, die da berichtet werden, eher knüppelharte Lebenserfahrungen, ein nahezu existentielles Ringen mit Versuchungen und Trugbildern, wobei selbst noch die Greise von der Heftigkeit zänkischer, nichts unversucht lassender Nachstellung belangt werden.

Der serbische Einsiedler Georgios verwies auf seine Krücken mit den Worten: »Damit helfe ich mir nachts. Der Teufel bringt die Müdigkeit, aber da muß man stehend kämpfen und rufen: Herr Jesus Christus.« Vater Athanasius bekennt illusionslos: »Und ich, seit meiner Jugend, wieviel Kämpfe, wieviel Versuchungen? Mit Hilfe der Allheiligen bin ich heute ein glücklicher Mensch, wie ein Kind von sechs Jahren. Aber der Teufel gibt sich nicht geschlagen, er greift immer wieder an. Die drei letzten Versuchungen des Beters sind der Schlaf, die Vergeßlichkeit und das Unwissen über das Heil. Mit Worten ist da nichts zu machen, nur Taten, nur Kampf, bis zum Schluß.«

Das große Ziel ist die *apatheia,* die Leidenschaftslosigkeit. Ein Ideal, das vom Satan mit erschreckenden Mitteln bekämpft wird. Die Lebensbeschreibungen der Wüstenväter, die hier in den Einsiedeleien zu Rate gezogen werden, bieten dabei nur den spröden Trost illusionsloser Vorbilder. Der heilige Makarius quälte sich sechs Monate in den Sümpfen, um den Dämon der Wollust zu bekämpfen. Evagrios, der bis drei Jahre vor seinem Tod von diesen Lockungen heimgesucht wurde, verbrachte zur Winterzeit eine ganze Nacht im eiskalten Wasser einer Zisterne. In einem anderen Fall blieb er vierzig Tage im Freien, um dem Dämon der Gotteslästerung zu widerstehen, so daß sein ganzer Körper wie der eines Tieres von Läusen überzogen war.

Als ich einen Einsiedler frage, ob das alles nicht zu weit in unmenschliche Selbstüberschätzung führe, antwortet er nur kurz, das sei eben der entscheidende Unterschied des Mönchtums, er liege »in den gewaltigen Versuchungen«. Er sagt es mit Tränen in den Augen, »nach der Erlösung gibt es keine Menschen mehr, sondern nur noch zum Gottsein Berufene.«

So ist es kein heiteres Licht, sondern strenge nüchterne Klarheit, die über dieser Region liegt. Es ist ja auch die klassische Kulisse von Goethes Schlußszene des zweiten Teils von »Faust«, die heiligen Anachoreten »gebirgauf verteilt...«, eine Parabel sich erhöhender und ergänzender Entwicklungsstufen, die schon der hier oben heftig verehrte heilige Johannes Klimakus im Bild von der »Himmelsleiter« vermittelt hat. Dieser dem studierenden, forschenden und sich strebend bemühenden Doktor Faustus als Prototyp aufgeklärten deutschen Tatendrangs so paradox erscheinende Aufstieg im Absteigen, das Großwerden im Geringsein, das Aufleuchten im Verschwinden. Die dramatische Szene ist ja auch hier als Fresko in den Klöstern wiederholt festgehalten. Dreißig Sprossen zwischen Himmel und Erde, unten der finstere Hades, oben der Herr mit ausgestreckter Hand, dazwischen jedoch die Lebenszeit eines mühseligen Steigens und Stürzens, von Engeln getragen, von Dämonen gedrückt, die einen bereits im Rachen des Ungeheuers, die anderen himmelwärts, und je höher der Aufstieg um so tiefer der Fall. Doch alle Anstrengung allein führt nicht ans ersehnte Ziel. Die höchste Stufe kann nicht verdient werden, sie wird »geschenkt«, »gewährt«. In einer »überwältigenden, gnadenhaften Lichterscheinung« reißt Gott den Mystiker empor. Doktor Faust hätte als Novize auf dem Berg Athos noch alles zu lernen. Es muß nicht unbedingt das sein, was an unseren Universitäten mitunter als »Theologie« bezeichnet wird.

Die Gärten von Hagi Anna

Ich muß befürchten, Simonos Karmiris aus Kavalla hält mich für einen bedeutenden Mediziner. Dabei hatte ich ihm nur geraten, als er mir in Vatopedi wegen Blasenbeschwerden sein Leid klagte, viel Wasser zu trinken und den Arzt in Karyes aufzusuchen. Als ich ihn später auf dem Schiff, das uns zur Lawra brachte, wiedersah, war er bereits voll des Lobes wegen meiner Diagnose und stürmte wie Phönix aus der Asche den steilen Weg zur Klosterpforte empor. So traue ich meinen Augen nicht, als er mir jetzt, in der Einsamkeit oberhalb von Kerasia mit Tragetasche und Wanderstab entgegeneilt. Außer sich vor Freude küßt er mich und drückt mich an seine Brust. Simonos hat gerade zu einem Sechs-Stunden-Marsch angesetzt, so jung und unbeschwert habe er sich schon lange nicht mehr gefühlt. Wieder bedankt er sich wegen der urologischen Tips, auf der Heimfahrt müsse ich ihn besuchen, Kavalla lohne den Umweg, er will ein großes Fest vorbereiten. Schließlich kritzelt er mir für Hagi Anna in griechischen Lettern eine Empfehlung auf ein Stück Papier, der Diakonos Arsenios werde mich wie einen alten Freund empfangen. Noch ein Kuß, noch ein Händedruck und schon ist er wieder unterwegs, wie mit Siebenmeilenstiefeln sehe ich ihn im Kastanienwald verschwinden.

Der Weg hier oben, das ist fast eine Promenade. Schon glitzert die See der Westküste zwischen den Baumkronen, es geht vorbei am kleineren Athosgipfel, dem Karmel, der sich direkt über dem Kap erhebt, und der Pfad erreicht dann jenen Knotenpunkt, der auf der einen Seite hinunter zu den Einsiedeleien von Katounakia führt, aus deren Kaminen vereinzelt weißer Qualm aufsteigt. Rechts geht es streng hinauf ins Hochgebirge, es ist der einzig mögliche Anstieg zum Athosgipfel, nur noch Fels, gelb und grau in der unbarmherzigen Sonne. Vor uns jedoch leuchtet in ihrer ganzen majestätischen Weite die Küste. Meeresferne und Landgrenze, ein weißer Brandungssaum, der Bergrücken der Halbinsel wie ein Zeltdach geschwungen, helles und dunkles Grün in geriffelten Flächen. Waldweite, meerumspült, ein uraltes Bild, das jetzt plötzlich Wirklichkeit wird, man kann es kaum fassen. Wie Festungen die Klöster, ganz unten die verstreuten weißen Häuschen von Hagi Anna, dann hinter einer Anhöhe versteckt Hagios Pavlos, auf einem Felsklotz direkt über dem Meer das Juwel Dionysiou und schließlich, ganz in der Ferne und dennoch von der Wucht seiner Aufbauten nichts einbüßend, Simonos Petras. Drüben haben Wanderer einen großen Ginsterkranz um ein altes Wegkreuz geflochten, das flakkernde Gelb wirkt an diesem morschen Holz wie ein festlicher Klacks. Hier ist alle Alltäglichkeit zu Ende, blau und weiß das Meer, Wind fährt sanft durch die Waldhöhen, die Klöster wie geheimnisvolle Pforten zum Paradies, wohin man auch schaut, eine einzige Herrlichkeit, wir gehen Ostern entgegen. Es ist eine unvergeßliche Stunde.

Ich muß an den alten Karmiris denken. Diese Herzlichkeit und Solidarität eines Fremden! Aber das ist hier oben keineswegs die Ausnahme, sehr schnell bildet sich zwischen den Athoswanderern unterwegs auf den Pfaden oder abends in den Gasthäusern der Klöster so etwas wie Corpsgeist, da herrscht spontane Hilfsbereitschaft, und vor allem unter den Routiniers, die sich seit Jahren schon auskennen und immer wiederkehren, beginnt die Fachsimpelei und der Austausch von Geheimwissen. Es sind ja nicht selten echte Sonderlinge und Originale, die diesen Heiligen Berg in ihr Herz geschlossen haben, eine multinationale Spezies von »Westflüchtlingen«, die der rationalen Zwänge überdrüssig, neuen Atem für die Seele suchen. Je echter dieser Drang ist, um so unromantischer wirkt er auch. Dann geht es um Glaubensnot und neue Einstellung zum Leben, um entscheidende Hinwendungen zum Geist oder gar um Sehnsucht nach Konversion zu einem intensiveren Christentum. Vielleicht sind es sogar die interessantesten Begegnungen, man hat sich nie im Leben gesehen und entdeckt plötzlich in wenigen Minuten denselben inneren Schmerz, denselben Wunsch. Ringsum ist Fremde und doch etwas geheimnisvoll Vertrautes. Da kann es passieren, daß man sich sehr schnell versteht.

Meist ist es dann auch keine Frage langer Gespräche, das Eigentliche liegt schon in der Flüchtigkeit einer kurzen Begegnung. So stoße ich in den schwierigen Waldschluchten auf dem Weg nach Hagi Anna auf eine kleine Maultierkarawane: acht dunkle Tiere, deren Gebimmel aus der Tiefe heraufsteigt, und schließlich der Reiter, ein junger Mönch, die Beine seitlich herunterbaumelnd. Die Augen ganz braun, ein langer, schwarzer Bart, das dichte Haar im Nacken geknotet. Er hat Lebensmittel für die Ostertage geladen und ist auf dem Weg zurück zu den Brüdern in Kerasia. »Keine Sorge, es ist nicht mehr weit«, lächelt er und wünscht ein schönes Fest. Dann noch ein kräftiger Klaps für das Tier, und der Troß setzt sich wieder in Bewegung. Lässiger Schaukel-Rhythmus bergan, die Tritte der Hufe im Steingeröll, noch aus der Ferne Geklingel der Glocken. Hat er etwa »viel« gesagt? Und doch war alles da, für das man dankbar sein möchte.

Hagi Anna liegt weißglänzend im Berghang. Ich habe vier Stunden gebraucht bis hier. Natürlich ist das Boot längst weg. Aber was soll's? Alles ist frisch und schön, ein Dörfchen an der äußersten Spitze der Westküste, überall kleine Mönchshöfe und Gärten, die wie eine riesige Treppe zum Meer hinabsteigen. Da ist viel Ordnung, Hege und Pflege, so als möchte man sich unter Nachbarn an Mühsal gegenseitig überbieten. Es ist ja eine halsbrecherische Kunst, auf diesen schmalen Terrassen Gemüse und Obst zu ziehen, aber die lockere braune Erde wird immer wieder von Mauern abgestützt, dann jagt frisches Bergwasser durch die Holzkanäle, sprudelt in Felsenbecken, die den Überschuß munter weiterleiten zum Kollegen von nebenan. Salat, Bohnen, Artischocken, Paprika und Auberginen, dazwischen rankt frisches Weinlaub. Die Kirschbäume halten ihre kräftigen Äste schwindelfrei über den Abgrund.

Immer ganz links den schmalen schwarzen Pfad entlang, ganz hinten am Bergrücken, so zeigt es mir ein alter Landarbeiter in gebrochenem Gastarbeiterdeutsch, da wohne der Diakonos Arsenios, gar nicht zu verfehlen meint er, und außerdem, es sei eine gute Adresse. In der Tat, nachdem ich dem struppigen Hans-Dampf-in-allen-Gassen den Empfehlungszettel überreiche, schießt er auch schon mit meinem Rucksack nach oben. Zuvor wischt er sich seine Zitronenfinger an der speckigen Schürze ab, schiebt mir einen wackligen Stuhl unter die schattigen Weinblätter und treibt einen ebenfalls in der Küche beschäftigten Freund zur Begrüßung nach draußen. Dann erteilt er neue Befehle, plötzlich hört man ihn im Treppenhaus lärmen, überall klappern seine Sandalen, die Türen schlagen, Möbel werden verschoben, und schon erscheint sein Kopf in einer Dachluke, er sei gleich wieder da, das Fest, das Fest, und schon läuten im weißgekälkten Kyriakon die Glocken zum Stundengebet.

Der unerwartete Besuch hat den guten Vater sichtlich durcheinander gebracht, er freut sich ganz ehrlich, will auch auf Anhieb den besten Eindruck hinterlassen und doch weiß er nicht recht, wo er überhaupt anfangen soll. So steht er einen Moment fassungslos auf der Treppe, besinnt sich dann jedoch auf das Wesentliche, schon fliegt die Küchenschürze in eine Ecke, und er wirft sich den schwarzen Gebetsmantel über. Ganz feierlich sieht er mich an, überlegt eine Sekunde und drückt mir schließlich einen schweren Hammer und einen Korb Walnüsse in die Hand. Grinsend, mit zahlreichen Verbeugungen begibt er sich auf den Weg zum Gottesdienst.

Und so kehrt Stille ein, die nur von meinen kurzen Hammerschlägen unterbrochen wird, mit denen ich die Nußschalen knacke. Das ganze Häuschen, die Terrasse, die Gärten scheinen mir hier anvertraut, kaum angekommen, gehöre ich schon zum Personal, und selbst die Katzen, die in der Sonne als Vorgeschmack auf die Feiertage die Fischgräten blank lecken, lassen sich von dem fremden Küchengehilfen nicht sonderlich stören.

Vor Anbruch der Osternacht

Die Zelle, die mir Arsenios zur Siesta zuteilt, klebt wie ein Nest an der Außenwand des Kellions. Eine Erweiterung, ein Provisorium mit drei Schrägbalken über dem Abhang gestützt. Die Schritte hohl wie in einem Faß, der Platz neben der Holzpritsche reicht gerade zum Stehen, An- und Ausziehen bereitet Schwierigkeiten, eine schwarze Hose und ein schafwollenes Unterhemd, so wie es hier die Mönche tragen, baumeln an einem Nagel, an den kahlen Wänden kleben Heiligenbilder. Es riecht muffig, aber als ich mit einiger Mühe das kleine Fenster öffne, ist hier ein herrlicher Ausblick auf den Berghang, und diese notdürftig zusammengebastelte Enge wirkt wie ein freischwebender Vorposten im rauschenden Wald- und Gartengrün, ein Ausguck hoch im Mast zwischen blauem Himmel und blauem Meer. Vogelgezwitscher, Mittagshelle. Diese Spärlichkeit könnte reichen für ein großes Glück. Ich bin seit halb fünf auf den Beinen, jetzt kommt der Schlaf, das Bett ist wohltuend hart.

Alles in diesem verwinkelten Häuschen hat den Reiz des Uralten, nicht so, daß sich hier gieriger Antiquariatstrieb austoben könnte, dazu wirkt dieses verbaute, zusammengezimmerte Material zu kümmerlich, es ist jeweils das Ärmlichste, eben noch ausreichend, aber es hat den Glanz des Abgenutzten und Bewährten. Die damit auskamen, haben es sich in langen einsamen Jahren ganz zu eigen gemacht. Von Mönch zu Mönch sind die Gewohnheiten weitergereicht worden, eine Infrastruktur des Minimalen, ganz ausgerichtet darauf, nur die Stille, die heilige, nicht zu stören.

In einem Zwischenraum stehen mächtige schwarze Fässer, reichlich Öl und Wein. Da ist der Trockenkasten für das Brot. Bohnen, Reis und Rosinen lagern in hohen Blechkanistern, unerreichbar für die Schliche der Katzen. Dahinter die Küche mit zwei Feuerstellen, sie würde mit ihren baumelnden Pfannen, Kessel und Geschirr jeder Hostellerie zur Ehre gereichen, nur eben unlackiert, chaotisch, eine verrauchte Stätte garstiger Männerwirtschaft.

Und doch brutzelt es schon am Nachmittag in den Töpfen, süß und sauer, immer verführerisch südlich und jetzt, nach all den Anstrengungen, von lockender züngelnder Kraft. Würde nicht ständig Arsenios wie ein Wächter diese fürs bevorstehende Fest bestimmten Deckel lüften und neue Portionen an Knoblauch, Tomaten und gartenfrischen Kräutern beifügen, es wäre rasch mit dem Widerstand geschehen. Aber er will ja auch gleich zum letzten Fastenessen rufen, sein schweigsamer Gehilfe ist bereits in den Beeten unterwegs, während er selbst sich wieder auf dieser Terrasse zu schaffen macht, wo sich zur Hausseite hin auch eine Schmiede und der Backofen befinden. Hier lagert hochgestapelt ein Sammelsurium von Kanistern, Töpfen, Werkzeug, Kannen, Leitern, Winterholz und Gestühl. »Sieh da!« ruft er strahlend und zeigt nicht ohne den Stolz des chronischen Tüftlers eine eigenhändig konstruierte Sonnenenergie-Anlage, die hier in diesem Museum verschrobener Häuslichkeit wie eine Faust aufs Auge wirkt, aber Arsenios Ästhetik besteht nun einmal im radikal Praktischen, er hat es tatsächlich geschafft, diesen engen Raum mit Häuschen und Terrassenvorsprung zu einer optimalen Wohnanlage umzufunktionieren, wo es, wenn man tausend Handkniffe beherrscht, einfach an nichts fehlt.

Das Essen wurde im Obergemach eingenommen, zu dem von der Küche eine schmale, steile Treppe hinaufführte. Ein heller Raum mit großen Fenstern, unmittelbar neben der Hauskapelle gelegen, so daß sich die Gerüche der Kessel mit Weihrauch mischten, eine sonderbare, sehr orientalische Note. An den Wänden hingen vergilbte Bilder von der griechischen Staatsgründung und das Porträt des ehemaligen Königs Konstantin, daneben alte, sehr streng dreinblickende Mönchsväter mit langen grauen Bärten und zerfurchten Gesichtern.

Der kleine runde Tisch war schon gedeckt, aber ich erschrak, als plötzlich an der Rückseite des Raumes jemand laut aufstöhnte. Dort lag zwischen hoch getürmten Kissen und verzogenen Decken auf einem Diwan dahingestreckt ein vom Tode gezeichneter Vater. Es war, als fürchte er sich vor dem unbekannten Fremden, denn er hob ängstlich, wie zum Schutz eine knochige, weiße Hand. Die großen Augen starrten mich an, die Lippen bebten. Doch dann war schon Arsenios an seiner Seite, redete laut auf ihn ein, sichtlich bemüht zu beruhigen. Er bat mich näher zu treten, es sei Vater Ephrem, dem er alles verdanke, mehr als vierzig Jahre führte er dieses Kellion, hochgeachtet von den Mönchen ringsum, geistlicher Vater zahlreicher Brüder auf dem ganzen Heiligen Berg, er habe ihnen alles gegeben, und nun nahe der Tod, aber er lasse auf sich warten, sechzehn Monate liege er nun schon hier, eine letzte harte Prüfung. Und dann schlägt er die Decke auf und ich sehe gebannt auf diesen nackten, abgemagerten Körper, ganz ausgemergelt, nur noch Haut und Knochen, das rechte Bein dunkel entstellt vom kalten Brand, zwischen den Beinen ein Blasenkatheder. Arsenios meint, er habe eine großartige Fastenzeit verbracht, es vergehe kein Tag, wo er nicht von seiner Tapferkeit lerne und während der Alte erschöpft in diese Kissengruft zurücksinkt, erscheint der Küchengehilfe mit den Karsamstagspeisen: eine dünne Reissuppe, eine handvoll Salatblätter, eingelegte Gurken, Oliven, ein Krug Wasser. Vater Ephrem starrt mich noch immer an, die Pupillen ganz groß, an seinem Armgelenk baumelt die schwarze Gebetsschnur. Dann ruft Arsenios zu Tisch.

Einige befreundete Landarbeiter sind zu diesem letzten Fastenmahl vor der langen Osternacht erschienen, und jedesmal zucke ich zusammen, wenn sie dem Todkranken etwas zurufen, aber sie sind bemüht, ihn in dieses karge Essen und Trinken mit einzubeziehen.

Wir sitzen unmittelbar an seinem Lager, neben mir ragt sein dunkler, verkrusteter Fuß aus der Decke. Ich muß gestehen, daß es mich Mühe kostet, aber die anderen bedienen sich unbekümmert, sehr bemüht, das Gespräch mit dem Alten nicht abreißen zu lassen, so daß es mir schließlich hilft, auch zuzugreifen, mir nicht anmerken zu lassen, wie es mich packt und schüttelt.

Welch eine Stunde! Die letzten Sonnenstrahlen stechen golden in die verstaubte Ärmlichkeit dieses Raumes. Wir sitzen auf niedrigen Schemeln. Der Tisch wackelt. Die Löcher und Schlitze in den Holzwänden sind notdürftig mit Lappen zugestopft. Am Boden bräunlich-gelbe Stapel alter Zeitungen. Unter der Couch die Urinflasche. Und wenn einmal Stille aufkommt, das hilflose Stöhnen des Vaters, aber dann sind sie auch schon wieder bei ihm. Er nimmt ein großes Salatblatt und zwei Schlücke Wasser. Jemand reicht ihm ein weißes Kätzchen, das sich in seiner Handmuschel einlullt. Und dann erzählen sie wieder, kräftig, männlich vom Wind und Wetter, so als sei alles wie immer.

Jetzt wird abgeräumt, und Arsenios beginnt in den dunklen Teilen des Hauses, die Öllampen zu zünden. Als er zurückkehrt mit dem flackernden Docht, nimmt er mich beiseite und bittet darum, nicht zur Osternacht in die Kirche zu kommen, sondern bei Vater Ephrem zu bleiben. Die Männer schauen mich mißtrauisch an. Als ich jedoch nicke, leuchten ihre Augen ganz tief, und ich bin etwas stolz, die Ängste und Empfindlichkeiten vor dem Sterbenden zurückgestellt zu haben, so daß keiner von ihnen, auf die große nächtliche Feier verzichten muß. Es ist, als wäre ich jetzt angenommen in ihrem Kreis, so sehe ich diese bäuerlichen Gestalten gehen, mit einem zustimmenden Gemurmel, dann trifft mich Arsenios' dankbarer Blick, als wolle er sagen, daß konfessionelle Vorschriften gar nichts sind, sondern nur die Ökumene der Herzen zählt, die überall Auferstehung schafft, ob in einer orthodoxen Kirche oder im Sterbezimmer des armen Ephrem.

Zwei Worte des Sterbenden

Die anbrechende Nacht hatte schon den Glanz des bevorstehenden Festes. Vielleicht sieht man so etwas mit Kinderaugen, alles scheint würdevoller, als fügten sich auch die kleinen subtilen Ereignisse ringsum in die Natur der nahenden österlichen Gewalt. Von der Terrasse aus sah ich die Väter aus allen Richtungen zur Kirche eilen, die wehenden, schwarzen Silhouetten, ganz streng und feierlich. Aus den abgelegeneren Höfen und Eremitagen kamen sie auf Maultieren. Getrappel, Gebimmel durch das Halbdunkel. Der Wind ist mild, aber die See bleibt unruhig, drüben funkeln die Lichter von Sithonia, dem mittleren Finger der Chalkidiki-Halbinsel. Weit in der Ferne kreuzt noch ein Schiff, das Feuerlicht glitzert am schwarzen Horizont.

Der Anmarsch der Mönche hat etwas Entschlossenes. Bald sind es zwei Dutzend Maultiere, die drüben im Staub unter der alten Steineiche stehen, während die Väter mit den hohen Hüten im dunklen Bauch der Kirche verschwinden. Dann wird es still und erstmals empfinde ich dieses Alleinsein als Schmerz. Ich rede mir ein, daß es wohl verrückt ist, auf dem Athos die Osternacht außerhalb einer Kirche zu verbringen, die Freunde in Panteleimonos fallen mir ein. Wünsche und Begierde alles möglich zu machen, nur nicht hier ausharren. Zugleich ist jedoch auch Ohnmacht dabei, denn wohin sollte ich denn weglaufen. Da sind nur steile Pfade hinauf in die Dunkelheit des Berges und unten klatscht das Meer unmißverständlich gegen die Felsen. Es gibt kein Entrinnen.

So gehe ich zerknirscht zurück durch die Gärten. Der Wind streicht durch die Silberäste der Ölbäume, Wasser plätschert vom Berg. Aber ich will ganz ehrlich sein, im Grunde ist ein anderes Unbehagen. Je mehr ich mich dem weiß leuchtenden Häuschen nähere, gestehe ich mir ein, daß ich mich vor dem sterbenden alten Ephrem oben in diesem schlimmen Zimmer fürchte. Ich will es nicht weiter verdrängen und horche ganz angespannt auf der Terrasse, wo sich die Katzen auf den noch warmen Steinen hingestreckt haben. Aber nichts rührt sich, es ist eine einzige prächtige Stille, nur mein Herz klopft, wehmütig, unruhig.

Dann steige ich durch die Küche hoch, noch immer bullert Arsenios Fischsuppe auf der Glut, aber der süßliche Geruch des Sterbezimmers ist stärker. Mondlicht fällt durch die Scheiben, der Tisch und die Schemel werfen lange Schatten. Ganz vorsichtig nähere ich mich dem Lager des Vaters. Regungslos liegt er in seinen Kissen, die Decke bis zum Hals gezogen, darüber der lange weiße Bart, der Mund halb geöffnet, ganz spärlich der Atem, aber ruhig, fast friedlich. Ich bin beschämt, dieser Mann verdient alles andere als scheue Feigheit. Jetzt mit geschlossenen Augen ist er sogar schön, irgendwo spielt die Spur eines Lächelns, wie ein Kind. Keine Kummerfalten mehr, kein ängstlich flackernder Blick. Er ist weit weg, jenseits der Schmerzen.

Im Schein der kleinen Öllampe beginne ich zu lesen. Es sind die Texte dieser Nacht. Das Buch Genesis, der Prophet Isaias, Jonas im Fischbauch, das Buch der Könige, die Feuerofen-Jünglinge Ananias, Asarias und Misael. Es ist spät, aber ich wehre mich nicht mehr, ganz wach sitze ich ihm gegenüber.

Erst jetzt fällt mir auf, daß seine Hand seitlich aus der Bettdecke geglitten ist. Um das dünne Handgelenk baumelt noch immer die schwarze Gebetsschnur, aber er berührt die kleinen Wollknoten mit Daumen und Zeigefinger, mehr noch, er leitet sie unmerklich weiter, ganz langsam, nahezu zäh und schwer machen sie die Runde. Ich sehe zu ihm auf, doch er liegt immer noch regungslos, knabenhaft wie vor zwei Stunden. Nicht ein Jota hat sich an seiner Position geändert, nur die beiden Finger bewegen die Schnur. Und ich weiß, mit jedem Knoten und jedem langsam ausgehauchten Atemzug geht ein Herzschlag des Gebetes. Der friedlich schlafende Vater Ephrem betet, der Sterbende hat die Übung nicht aufgegeben, alle Nächte seines Lebens hat er diese letzte Kraft angesammelt, daß es jetzt, wo er nicht mehr kann, wie von alleine weiterkreist und er nur noch die Hand, zwei Finger hinzuhalten braucht. Ein ganz dünner Faden, durch den alles pulsiert.

Als ich neben ihm zusammengekauert erwache, ist am Himmel eine erste Spur Dämmerung. Er hat wieder gestöhnt und wir beide sehen uns erschrocken an. So wie Arsenios es am Abend vorgemacht hat, führe ich das Wasserglas an seinen Mund und er trinkt einige gierige Schlücke, dann fällt er in die Kissen zurück und starrt weit in die Ferne, müde, lebensmüde. Doch plötzlich ertönen draußen die Glocken, ein wildes Dröhnen und Klingen, dumpf und hell, immer wieder neu ansetzend, aufrüttelnd, Ostern bricht an. Ich sehe ihm in die traurigen Augen und mit einer unmerklichen Kopfbewegung gibt er mir zu verstehen, das Fenster zu öffnen.

Hereinströmt die Frische der sich neigenden Nacht, das Geläute kräftig und nah, man hört die Stimmen auf dem Vorplatz der Kirche, die Maultiere wiehern aufgeschreckt. Vater Ephrem öffnet weit den Mund, sein dunkler Blick hat mich ganz fixiert und ich verstehe, daß er sich müht, die Lippen zu bewegen. Als ich erneut zum Glas greifen will, schließt er abweisend die Augen und so nähere ich mich diesem abgekämpften, bleichen Gesicht. Ich sehe die tiefen dunklen Ränder und die vibrierenden Adern im Weiß seiner Augen, er runzelt die Stirn wie zu einer Kraftanstrengung, und mühsam brechend kommt es leise aus seinem Mund: Christos anesti, der Herr ist auferstanden. Dann küsse ich ihm ganz heftig die Hand.

Noch bevor Arsenios vom Gottesdienst heimkehrt, habe ich meine sieben Sachen gepackt. Draußen leuchtet rosarot das Licht der Frü-

Dionysiou von der Seeseite: ». . . eines der stärksten Bilder, die dieser bilderkräftige Berg zu vergeben hat.«

Russenkloster Panteleimonos: ». . . noch ein strahlender Funke uneinnehmbarer Heiligkeit.«

he. Immer noch bimmeln irgendwo Glocken, hört man Fetzen von Jubelrufen. Ich hinterlasse meinem Gastgeber meine Medikamente und die Nachricht, daß alles gut sei. »Afchäristo. Dankeschön. Christos anesti.« Völlig unmöglich, jetzt an der Festtafel beim Wein zu ermüden. Die vergangene Nacht erfüllt ganz, jetzt will ich meine Freunde wiedersehen, möchte als erster aufs Schiff nach Dafni springen. Nichts kann mich mehr halten.

Steil geht der Steinpfad in die Tiefe. Arsenios Kellion ist schon nicht mehr zu erkennen. Ganz langsam kommt die Sonne über den Berg. Aus den Häuschen der Mönche schallt frohes, ausgelassenes Stimmengewirr. Ganz weiß, unter einem strahlend blauen Himmel ragt die Kirche von Hagi Anna oben auf dem Felssockel.

Und tatsächlich, ich bin der Erste unten im Hafen. Das Meer stürzt sich in grünen, kräftigen Wellen gegen den Landungssteg, ein machtvolles Klatschen gegen die Ufermauern, alle Boote sind in Sicherheit gebracht. Gegen den Rucksack gelehnt, auf einem Teppich aus grobem Sackleinen, genieße ich das Warten, als hinter den klotzigen Felsvorsprüngen unser Schiff auftaucht. Drei Männer haben große Mühe festzumachen, immer wieder müssen sie ansetzen, bis es schließlich beim dritten Anlauf gelingt. Körbe mit frischem Fisch werden abgeladen. Schon erscheinen Mönche aus der nächsten Umgebung. »Christos anesti«, tönt es herüber. Die Väter tragen ärmliche Gewänder, einige kommen barfuß und holen sich ihre Ration. Stille, übernächtigte Gesichter und laute Rufe der rauhen, braungebrannten Seeleute. Doch plötzlich reißt ein Tau, und das Boot treibt aufs Meer zurück, einer der Männer kann noch aufspringen und läßt den Motor anspringen. Wieder neue Anläufe gegen die zänkische See. Aber es gelingt noch einmal.

Dann ertönt das Zeichen zum Aufbruch. Zwischen der Schiffswand und dem Kai spritzt das Wasser. Rucksäcke fliegen an Bord, wer nicht springt, bleibt zurück. So kauern wir auf der tiefen Holzbank, den Rücken gegen die Bootswand gepreßt. Dann legen die Männer ab, das Meer rüttelt und schüttelt. Die Alten vor der Steuerkabine bekreuzigen sich dreimal. Über uns tanzt der Berghang von

Hagi Anna. Vom Athosgipfel kommt mächtig die Sonne, feuchter Seewind bläst uns ins Gesicht. Noch einmal die weißen Häuschen, die Terrassen, die Gärten. Ganz oben irgendwo hinter den Ölbäumen liegt Vater Ephrem im Sterben. Es ist früher, strahlender Ostermorgen, das Meer braust und klatscht und schäumt. Dann bekreuzige auch ich mich, wie ein alter struppiger Grieche, der noch einmal davongekommen ist und nicht genug bekommen kann von diesem wilden Spiel der rauhen See.

Endlich haben wir genug Distanz zur Felsenküste. Darüber wiegen sich die Wälder im Morgenwind. Der Skipper im Bug steckt sich eine Zigarette in Brand und stößt seinem Kumpan aufmunternd in die Rippen. Dann geht's mit voller Kraft in Richtung Dafni.

Der Freund der Sünderin

Hin und wieder berührten sich unsere Hände. Der junge Mönch Ioakim war im Hafen von Agios Pavlos an Bord gesprungen. Leichenblaß, verträumt, saß er jetzt neben mir. Über die Bordwand war ein dickes Seil gespannt, und wir waren froh, uns daran festhalten zu können, so schüttelte uns die See. Wie stolz er ist, dachte ich, als er eine Bibel aus dem braunen Leinensack holte und sich darin vertiefen wollte. Dann wurde er wieder kräftig gegen mich gedrückt, aber erst als eine hohe Welle über die Bootswand klatschte und ihm das heilige Buch fast aus der Hand geschlagen hätte, besann er sich auf eine Erklärung.

Es sei sein Lieblingsevangelium, meinte er beschwichtigend, er lese es seit der Dämmerung immer wieder: Jesus und Maria Magdalena am leeren Grab. Ich antworte ihm, mein Lieblingstext stehe für den Abend bevor, die Begegnung mit den Jüngern von Emmaus, und so kommen wir langsam doch ins Gespräch. Der 21jährige Novize hat zu Hause auf Kreta seine Mutter und vier Schwestern zurückgelassen, alle weinend und händeringend. Um nichts in der Welt wollten sie den Benjamin ziehen lassen, aber so sehr er sie auch ins Herz geschlossen hat, das andere war stärker. So ließ er alles zurück, brach mit dem Tage der Volljährigkeit das verheißungsvoll begonnene Medizinstudium ab, nahm das Flugzeug nach Thessaloniki und warf sich bereits am nächsten Tag seinem Abt vor die Füße.

So möchte ich wissen, was denn ihn, der Mutter und Schwestern verließ, an einer Frau wie Maria Magdalena so fasziniert, und in die Blässe seiner Wangen steigt ein unverkennbares Rosarot. Wir haben uns verstanden. Ja, er möchte es nicht beschönigen, es sei die Sünderin. Ioakim gesteht, daß es dabei auch um ihn selbst geht, er spricht von einem schlimmen Schritt, von einem »demütigenden Erlebnis in Athen«, manchmal nachts in der Einsamkeit seiner Zelle verfolge ihn noch »dieses widerliche Kichern«.

Unser Schiff kann den Hafen von Dionysiou nicht anlaufen. Mehr als dreißig wartende Pilger bleiben zurück, mühsam drehen wir wieder ab. Immer wieder schwappt Wasser in den Pott, wir müssen noch näher zusammenrücken. Die Holzgalerien am Kloster werden erneuert und sind mit einem Spinngewebe von Eisengerüsten abgestützt. Hier oben habe ich vor vierzehn Jahren dem alten Abt Gavril das Empfehlungsschreiben von Pater Irenäus aus Chevetogne überreicht. Wie ein Seeräuber sah er mit seinem Fernrohr hinaus aufs Meer und brummte, es sei gut so, wir könnten bleiben, solange wir es wünschten. Die Lage des Klosters vom Meer aus ist wohl eines der stärksten Bilder, die dieser bilderkräftige Berg zu vergeben hat. Der Bergklotz und das Klostergenist, hohe, senkrechte Felsabstürze, darüber die Wucht der Türme und Kuppeln, aber dann die Hochwälder, die sich ins unwegsame Gipfelgebiet erstrecken. Man kann sich nicht satt genug sehen und der junge Ioakim meint, an unser Gespräch anknüpfend, diese Schönheit gebühre allein der Panagia, die Macht ihrer Reinheit sei so stark, daß sie sogar unseren Blick bekehre, dem keine Ausflucht ins Böse mehr bleibe. Nur noch Jubel für das Schöne.

Deshalb seien auch die Titel westlicher Athosbücher »Der Berg ohne Frauen« oder »No woman's land« sehr kurzsichtige Umschreibungen einer viel reicheren Wirklichkeit. »Nichts wird verdrängt«, sagt er mit ernsthaften Stirnfalten, »die Muttergottes und die anderen Frauen gehörten zum engsten Kreis des Herrn, sie haben ihn ständig begleitet, ganz entscheidende Gespräche hat er mit Frauen geführt. Die kanäische Frau, die Samariterin, die Ehebrecherin. Vergessen sie das bitte nicht. Frauen harrten noch bei ihm aus, als alle Männer bereits weggelaufen waren. Frauen ist er zuerst erschienen.«

Und Maria Magdalena, will ich wissen. Sie sei die glaubwürdigste von allen, weil die Erniedrigtste, bei ihr gebe es nichts mehr zu bemänteln. »Die zuviel liebte, hat den gefunden, den man nicht genug lieben kann«, sagt der junge Mann mit Kräuselbärtchen. Deshalb liest er immer wieder jene Verwechslungsszene mit dem Gärtner am leeren Grab: »Frau warum weinst du? Wen suchst du?« Sie aber erkennt ihn nicht. Und dann sein ergreifendes, befreiendes Wort: »Maria«. Und Sie: »Rabbuni«. Daraufhin seine mysteriöse Bitte: »Rühre mich nicht an.«

So kreuzen wir durch die aufgewühlte See vorbei an Grigoriou und Simonos Petras. Völlig unmöglich, noch einen Klosterhafen anzulaufen. An Bord ist es still geworden. Auch Ioakim schweigt, hockt jetzt im Lotussitz auf den nassen Planken. Ich mag ihn, seine ehrliche, keusche Verehrung für die Schönheit der Frauen. Keine verstümmelte Zärtlichkeit. Auch nicht das verherrlichende Pathos mit dem unsere großen Maler Corregio, Tizian oder Tintoretto diese Frau am Grab zur Unnahbarkeit entrückt haben. Eher die nüchterne Strenge der Maria von Ägypten, auch sie eine ehemalige Prostituierte, die in die Einsamkeit der Wüste ging und alles fand.

Die Berichte der Athosgendarmen sind voll von peinlich anmutenden Versuchen, das jahrtausendalte Frauenverbot zu unterlaufen. Zeitweise entwickelte sich dies zu einer kuriosen Sportart westlicher Damen, deren Ehrgeiz darin bestand, sich von einer Segelyacht in die Nähe abgelegener Buchten und Strände bringen zu lassen und hier triumphierend im Bikini das Mönchsland zu betreten. Eine französische Journalistin nahm gar einen schönheitschirurgischen Eingriff in Kauf, um sich als Mann verkleidet hier einzuschmuggeln. An der Athosgrenze bei Frankokastron müssen in den

Sommermonaten sogar Soldaten eingesetzt werden, um den Eifer der Touristinnen, die wenigstens einmal ihren Fuß auf das Tabuterritorium setzen wollen, in Zaum zu halten.

Den strengen Röntgenblick der Polizei haben auch wir zu bestehen, als unser Schiff endlich im Hafen von Dafni festmacht. Es ist noch keine zehn Uhr am Ostermorgen, und gerade hier, wo weder Klöster noch Mönchshäuser stehen, sondern ein lieblicher Mittelmeerhafen in der Frühlingssonne glitzert, hätte man sich jetzt auf den umliegenden Terrassen, in den kleinen Tavernen eine Spur fraulicher Gastlichkeit gewünscht. Ein österliches Frühstück, ein heißer *helleniko,* das Lächeln einer Kellnerin könnten nach dieser rauhen Überfahrt nicht schaden.

Aber hier wirbt kein Verkehrsamt, es werden auch keine Bademoden oder Liegestühle angeboten. Der herrliche Strand ist menschenleer, das Wirtshaus verschlossen und vergammelt. Ein unausgeschlafener Alter bietet im Kaufladen Devotionalien-Kitsch an, und die uniformierte Obrigkeit ärgert sich über den lästigen Sonntagsdienst.

So warte ich nicht länger auf den Liebreiz fraulicher Bedienung, schnalle wieder den Rucksack über und mache mich auf den Weg. Der Pfad führt direkt am Meer vorbei und gehört zu den schönsten Wanderungen, die der Athos zu schenken vermag. Mohn und Margeriten, Ginster, Oleander und Fingerkraut blühen in verschwenderischer Fülle. Hindurch fährt der milde Südwind. Umgestürzte alte Bäume sind zu umklettern, ins peitschende Meer mündende Bäche zu überqueren. Alles im wilden Duft des Frühlings, kein Osterspaziergang kann stärker sein als dieser verwachsene Dornröschenweg zum Rossikon.

Ich denke an Ioakim und die Überfahrt von Hagi Anna. Ich denke an die Freunde, an das Wiedersehen. Mein Herz ist voller Freude. Keine Mädchen in den Kneipen von Dafni. Was soll's? Vielleicht erwarten mich in Panteleimonos die österliche Jungfrau und alle heiligen Frauen des alten Rußlands.

Die Kuppelkreuze des Rossikons

Die Athosreiseführer raten meist davon ab, den kleinen Küstenpfad von Dafni nach Panteleimonos zu nehmen. Mir fiel es schwer, ihn überhaupt zu finden, denn dort, wo sich die Straße nach Karyes hinaufschlängelt, hatte der Wind den Wegweiser umgefegt. Es kostete einige Mühe, wieder den Anschluß zu schaffen, und tatsächlich ist unterwegs so manche Stelle zugewachsen und verwildert. Je mehr man sich dem Russenkloster nähert, führt der buschige Küstensaum in einen immer dunkler werdenden Wald. Uralte Steineichen und Kastanienbäume umschließen den Klosterbezirk, in dessen Unterholz Stachelsträucher und Schlingpflanzen ein dichtes, grünes Netz spannen. Manchmal muß man sich förmlich vorwärts tasten, doch dann taucht der Pfad wieder auf, eine Trockenstelle, oder die hilfreichen, glatt getretenen Pflastersteine geben ihn wieder preis. Wer etwas vom Phänomen Panteleimonos, seinem historischen Schicksal verstehen will, sollte dieser Wanderung nicht ausweichen. Der alte Weg ist der einzig richtige Einstieg. Man ist es der erschütternden Geschichte, die sich hier im Laufe eines Jahrhunderts abgespielt hat, einfach schuldig, sich von den Hindernissen die Arme und Beine zerkratzen zu lassen. Die rätselhafte Stille, die sich um diese Stätte gelegt hat, sie muß durchschritten und ermessen werden. Dann erst kann sich das ganz andere, das immer noch präsent ist, öffnen und mitteilen.

Ich erschrak, als ich über verwachsene Gräben und zerfallene Mauern den Klosterbereich betrat. Neben mir erhoben sich riesige, fabrikartige Ruinen, aber der Wald fegte hindurch. Kräftige Zypressen und Farngebüsche standen zwischen den hohen Wänden. Efeu kletterte in dicken Schwüngen durch die Fenster. Der Zerfall schien von der Gefräßigkeit des Grüns überwuchert, wie eine letzte kleine Gunst, ein diskreter Liebesdienst der Natur, die sich verschwiegen über die Wunden legt.

Es fiel schwer, sich inmitten dieses feierlichen Chaos zu orientieren. Wohin man auch blickte, pathetischer Niedergang. Durch die ehemaligen Arbeiterhäuser blies der Wind. Verrostete Maschinen, Werkzeuge standen in den Hallen. Man ahnt noch, es könnte ein kleines industrielles Zentrum gewesen sein, die Ausmaße erschrekken immer noch, aber Fingerhut, Löwenzahn und Feldblumen haben ihren barmherzigen Glanz darüber gebreitet. Ich rufe laut, doch nur die Vögel zwitschern im dichten Geäst, und vor den Mauern rauscht das Meer.

So erreiche ich unbehelligt den großen Innenhof, auf dem ein alter russischer Lastwagen wie ein Museumstück der industriellen Revolution verloren in der Sonne steht. Eine große, von Zypressen und Laternen flankierte Freitreppe führt zu den Propyläen. Zu beiden Seiten der grünen Pforte überdachte Sitzbänke. Im Bogengang flackert vor der Ikone des Großmärtyrers Panteleimon eine Kerze. Der dunkle Gang führt zu einem weiteren Innenhof, der von wuchtigen, überdimensionalen Gebäuden umstellt ist. In der Mitte das Katholikon mit acht gelben Kuppelkreuzen, ihm gegenüber wie ein klotziger Kremlwächter der Glockenturm, dessen Prachtstück, zwölf Tonnen schwer, den ganzen heiligen Berg zu erschüttern vermag. Dann die Trapeza und an der Nordfront ein sechsstöckiges Riesengebäude, ebenfalls mit Kuppeln bestückt, Hunderte kleine Zellenfenster glänzen in der Mittagssonne. Aber sie sind leer, unbewohnt.

Ja, der Photographos sei hier, antworten mir einige alte Männer, die auf einer Bank im Schatten lungern, man erwarte mich schon sehnsüchtig. Und so sehen wir uns wieder, der russisch parlierende Alexis Hadsis, umgeben von stämmigen Mönchen, und schließlich der verstörte Couven, der sich gesorgt hat und mich nun wie einen verlorenen Sohn in seine Arme nimmt. Es ist eine stürmische Begrüßung, »Christos voskresse« jubeln die Russen, die sich einfach mitfreuen, mir in radebrechendem Deutsch Gebete herunter rasseln und den Weg zur Trapeza bahnen. Alexis stellt mir seinen Freund Vater Sergej vor, einen kleinen wohlgenährten Mönch, mit blassem Gesicht und gütigen Augen. Ich sage ihm gleich, wie glücklich ich bin, endlich im Kloster des heiligen Staretz Siluan angekommen zu sein. Flugs antwortet er zustimmend: »Ich zeige ihnen gleich seinen heiligen Kopf« und zeigt mit dem Finger zu einer Kapelle oben im Zellentrakt. Aber zuerst gilt es zu feiern, zu essen, zu trinken.

So bereitet man dem Spätankömmling die österliche Ehre, ausschließlich für ihn in einer einst achthundert Mönche fassenden, mit Paradies- und Höllenszenen ausgemalten Trapeza das Festmahl aufzutischen. Nach den Entsagungen der letzten Tage eine kulinarische östliche Großoffensive: zunächst Bortsch mit Sahne, dann Fisch in einer wunderbaren Thymiansauce, alles in Hülle und Fülle. Es gibt schweren, kühlen Rotwein, und ich muß gleich drei Gläser leer trinken. Der blonde Küchenbruder schleppt Schafskäse, Süßbrot und einen Kuchen heran. Immer wieder gilt es zwischendurch, die dunkelrot gefärbten Ostereier zu köpfen. Ich möchte abwehren, Danke sagen, aber nein, doch nicht zu Ostern! Langsamer essen, Väterchen! Zwischendurch mal einen georgischen Cognac genießen, drückt der Magen? Dann bitte noch einen. »Christos voskresse«, winkt der Spülgehilfe und möchte auch anstoßen. Die Gläser klingen, sie lachen zähnefletschend, sie küssen mich, ich küsse sie auch und noch einen Krug und noch ein Prosit, und so torkeln wir schließlich vorbei an den Satansfratzen und Märtyrergestalten ins Freie. Der Klosterhof liegt in der Sonnenglut. Weit und breit keine Menschenseele. Es geht zurück über den großen Freiplatz mit dem Lastwagen ins alte Gästehaus direkt am Meer. Wir schlagen ein Kreuzzeichen und lassen Michail und Raissa Gorbatschow hochleben...

Zur Jahrhundertwende wurden hier noch Tausende Pilger beherbergt, jetzt ist das riesige Gebäude mit den fünf Stockwerken durch einen Großbrand zur Hälfte zerstört. Die langen Steingänge führen ins Bodenlose. Die Schritte des gestiefelten Gastpaters knallen auf den Fliesen, ein Hündchen kläfft hinter ihm her, Katzen schnurren auf einem Diwan. Alles schallt wie in heftigen Träumen.

»Sir«, so redet er mich an, der kleine schmächtige Mann mit dem langen, grauen Zwirbelbart. Ein wachsamer, trauriger Blick hinter den Brillengläsern. An der Wand über den Empfangsbänken hängen Ölgemälde vom alten Hafen des Rossikons, gleich vier Dampfschiffe liegen vor Anker, daneben Fürstenporträts und ein frommes Bild vom Sturm auf dem Meere. Hier unten, an diesem Knotenpunkt der kilometerlangen Gänge des Gastreviers, ist das Reich von Vater Vladimir. Verzweifelt hat er sich bemüht, dieser Kasernennische einen Hauch Wohnlichkeit abzugewinnen. Kerzengerade durchschreitet er seine Flure. Eine schwarze Kopfbedekkung, die er tief in die Stirn gezogen hat, eine wamsartige Weste, die Reiterhose und Kosakenstiefel. Die Zigarette im Mundwinkel bestätigt spätestens jetzt, daß er seine eigenen Vorstellungen von mönchischer Gastlichkeit hegt. Keineswegs, daß er sich dem allgemeinen Verfall ringsum resignierend angeschlossen hätte, im Gegenteil, er geht hindurch in selbstbewußter Würde.

Dort, wo 1914 noch zweitausend russische Mönche das größte Athoskloster bevölkerten, wo die Schiffe aus Odessa, Palästina und Konstantinopel anlegten, wo die Großfürsten und männlichen Mitglieder der Zarenfamilie ein und aus gingen, die Kirchen und Kapellen nur so triefen von den Gold- und Silbergeschenken aus St. Petersburg, der Moldau und der Walachei, wo Tag und Nacht in Russisch und Griechisch vor den Ikonenwänden die Stundengebete weihrauchumwölkt emporstiegen, wirkt Vater Vladimir, wie ein unerschütterlicher Nachlaßverwalter der alten Herrlichkeit. Der Schmerz über die hier niedergegangenen Katastrophen hat ihn schwer getroffen, aber nicht umgehauen. Illusionslos stiefelt er über die Steingänge. Die Zigarette, die Katzen und der Hund. Wir sollen ihn noch kennenlernen. Die Melancholie ist eines, aber russische Ostern sind etwas ganz anderes.

Eine grandiose Verirrung

Als Vater Sergej mir die alten Fotos zeigte, runzelte er nachdenklich die Stirn. Bilder von Begräbnissen oder Totenaufbahrungen haben immer etwas Makaberes, aber die Aufnahmen von den Abtbeerdigungen in Pateleimonos beeindruckten obendrein aus anderen Gründen, denn sie lassen auf einen Blick die eigentlichen Ausmaße dieser überbevölkerten Klosterstadt erkennen. Hundertschaften von schwarzen Mönchen begleiten das große Tragkreuz, Hundertschaften umgeben den offenen Sarg, Hundertschaften folgen ihm, Hundertschaften beobachten das dunkle Schauspiel von den Terrassen und Balkonen. Es sind erschreckende Szenen, zweitausend Mönche in einem Kloster, irgendwie ist dies auch ein Krankheitsbild, es zeigt eine Fehlentwicklung. Rattenhaft, wie die Lemminge wirken diese schwarzen Massen, man geht augenblicklich in Deckung und fragt, wie unter solchen Umständen Gebet und Stille überhaupt noch möglich waren.

Doch es sei nicht nur das, meint Sergej traurig, schlimmer, tragischer für das Rossikon sei wohl jener atemberaubende Rückschlag, der all die statistischen Rekorde und Höhepunkte bereits im frühen 20. Jahrhundert in einen verhängnisvollen, durch nichts aufzuhaltenden Niedergang stürzte. Dieses Auf und Ab, die Auswüchse des Aufschwungs und die Demütigungen des Abstiegs lasten schwer auf Rußland, selbst Atheisten in der Kreml-Nomenklatura hätte es mit kaltem Entsetzen erfüllt. Es ist, als fänden hier handgreifliche apokalyptische Szenen statt, ein Weltgericht heilsgeschichtlichen Ausmaßes, das jenes »erwählte Volk« der russischen Orthodoxie ins Knochenmark getroffen hat.

Dabei geht die Präsenz der Russen auf dem Athos bis auf die Gründerzeit von Athanasius zurück. Sie beginnt mit der großen Gestalt des heiligen Antonij Petscherkskij, der, bevor er in Kiew das berühmte Höhlenkloster gründete, als Einsiedler in einer Grotte bei Esphigmenou lebte. Im Jahre 1142 wird erstmals auch ein russisches Kloster der Theotokos in Xylourgou erwähnt, das sich jedoch bald schon als zu klein erwies, so daß die Heilige Gemeinschaft in Karyes den Mönchen eine größere, dem Märtyrer Panteleimon geweihte Anlage überließ. Nach einem wechselvollen Hin und Her von Plünderungen, Brandschatzung, fürstlichem Schutz und kaiserlicher Gunst, siedelten die Mönche gegen 1765 in das neuerbaute Panteleimonos-Kloster an der Westküste bei Dafni, wo es sich heute noch befindet. Der steinreiche Moldauregent, Skarlatos Kallimachos, finanzierte dieses Unternehmen, wobei zum damaligen Zeitpunkt die Gemeinschaft lediglich aus einem Dutzend griechischer Mönche bestand, während das Kloster jedoch den Namen Rossikon beibehielt.

Nachdem Panteleimonos in den zwanziger Jahren des 19. Jahrhunderts stark unter der türkischen Besatzung zu leiden hatte und zeitweise völlig leer lag, waren es 1834 bei den Juden von Thessaloniki mit 800 000 Piastern verschuldete griechische Mönche, die jetzt zahlungsfähige Russen einluden, in ihr ehemaliges Kloster zurückzukehren. Bald waren die Schulden abgetragen, die alten Ländereien wieder aufgekauft und es begann ein rasanter Aufstieg der russischen Athoskolonie: 1852 waren es bereits 80 Russenmönche, die in Panteleimonos lebten, 1874 stieg die Zahl auf 300 gegenüber 200 Griechen, 1887 überstiegen die Russen die Tausendgrenze, zur Jahrhundertwende waren es bereits 2000. Das konnte nicht gut gehen.

Zum ersten Mal trat in der langen Geschichte des Athos ein ethnisches Problem gravierend in den Mittelpunkt. Dabei spielten zunächst die internen Differenzen zwischen Groß- und Kleinrussen sowie die enormen finanziellen Möglichkeiten des russischen Adels eine entscheidende Rolle. Da lieferte man sich zwischen den Panteleimonos-Mönchen und den Brüdern der Skite des Propheten Elias erbitterte provinzielle Auseinandersetzungen. Da tauchten plötzlich russische Äbte aus der Heimat auf, so etwa Stefan von Astrakhan, der mit Unterstützung des türkischen Sultans und des Patriarchen von Konstantinopel ganze Klöster aufkaufen wollte.

Als 1866 die Russen in Panteleimonos durchsetzten, daß während der Mahlzeiten die Lesung in der Trapeza jeden zweiten Tag in ihrer Sprache gehalten wurde, sabotierte dies sofort die mißtrauische griechische Minderheit. Der Streit eskalierte, als 1870 der griechische Abt Gerassimos den Russen Makarius zu seinem Nachfolger bestimmte, die Heilige Gemeinschaft der Athosmönche in Karyes diese Entscheidung jedoch annullierte und festlegte, der Abt von Panteleimonos müsse immer ein Grieche sein. Dagegen wiederum legten die Russen beim Patriarchen Joachim II. in Konstantinopel Protest ein. Als Gerassimos 1875 starb, waren die Russen bereits mit 400 Mönchen gegenüber 180 Griechen in der Mehrheit und wählten in Anwesenheit einer Delegation der Heiligen Gemeinschaft Makarius zum neuen Abt. Ein Ereignis, das in der gesamten orthodoxen Welt zu erregten Debatten führte, bis schließlich der Patriarch festlegte, daß Russen und Griechen auf dem Athos die gleichen Rechte hätten. Unterdessen wurde bekannt, daß sich das heilige Rußland dieses günstige Klima in Konstantinopel jährlich rund 40 000 Goldrubel hatte kosten lassen.

Innerhalb weniger Jahre wurde jetzt in Panteleimonos eine Empfangsinfrastruktur aufgerichtet, die es erlaubte, bis zu 2000 Pilger aufzunehmen. Die russischen Schiffe, die vom Heiligen Land heimkehrten, liefen immer auch den Athos an. Bald besaß Panteleimonos eigene Schiffe, die von Seemönchen gesteuert wurden, und zwischen Odessa und Panteleimonos entstand eine direkte Verbindung. Der Heilige Berg faszinierte das fromme, einfache russische Volk. Zahlreiche Pilger kehrten erst gar nicht mehr in die Heimat zurück und blieben als Novizen in Panteleimonos. Manche familiären oder finanziellen Schwierigkeiten lösten sich somit von selbst.

Neben den Pilgern kamen jedoch auch die Notabeln, an ihrer Spitze 1845 der Großprinz Konstantin Nicolaevic, gefolgt vom russischen Gesandten in Konstantinopel, der in Begleitung des berühmten Kenners des christlichen Orients, Prof. Muravjev, anreiste. 1866 kam der einflußreiche General Ignatiev, der die Position der Russen innerhalb der Athosadministration spürbar aufwertete. Schließlich waren es weitere Großfürsten, die in Panteleimonos an Land gingen, denen 1881 gar die Großfürstin Alexandra Petrovna folgen wollte, der allerdings die Heilige Gemeinschaft in Karyes das Betreten des Athos verweigerte. Immerhin spricht es für das russische Selbstbewußtsein, daß sie sich soweit vorwagte.

Diese hohen Besuche brachten nicht nur Ansehen und eine ständige Steigerung des Nationalbewußtseins der russischen Mönche, die sich als einzige auf dem Balkan frei und unabhängig von türkischer Kontrolle wähnte, sie verbesserten auch stets die ohnehin komfortable klösterliche Situation.

Bereits 1843 hatte Zar Nikolaus I. dem Rossikon eine bedeutende Geldsumme zukommen lassen und es den Mönchen gestattet, alle drei Jahre in Rußland Kollekten abzuhalten, so daß Panteleimonos rasch zum reichsten Athoskloster avancierte. Die Mönche besaßen umfangreiche Ländereien und Landsitze, sogenannte Metochien, auf dem griechischen Festland, in Rußland und der Türkei, die von 260 Mönchen betreut wurden. Weiter gab es auf dem Athos die russischen Dependenzen Chromitsa, Nea Thebais sowie das alte Palaiomonasterion mit insgesamt 555 Mönchen, dazu selbstverständlich die entsprechenden Gelände, Gärten, Wälder. Es war eine große Zeit. Aber war es nicht auch eine grandiose Verirrung?

Waffen auf dem Heiligen Berg?

Ein altes Personalregister aus dem Rossikon des Jahres 1904 weist nach, daß die Gemeinschaft damals fast 2000 Mönche zählte, von denen 1150 dem Hauptkloster angehörten, während sich der Rest auf die Dependenzen, Metochien, die Gast- und Ausweichklöster in Konstantinopel und im Kaukasus verteilte. Zu diesem Zeitpunkt sah der Arbeitsplan folgende Einteilung vor: es gab 153 Weinbauern, fünf Paramentenhersteller, sieben Mönche betreuten das Öllager, fünf die Kleiderkammer, vier waren Fischer, zwei horteten die Zwiebeln, acht schafften an den Weinfässern, zwölf waren Bäkker, 21 Anstreicher, vier Buchbinder, 18 kümmerten sich um die Maultierställe.

Es gab ferner ein Verlagsbüro, eine Gerberei, ein Kohlen- und Petroleumlager, eine Weizenkammer, eine Räucherkammer, eine Schmiede, eine Gießerei, eine Druckerei, eine Schreinerei, eine Reparaturwerkstatt, eine Schneiderei, eine Schuhmacherei, alle mit beachtlichem Personalbestand. Ganz zu schweigen von den zahlreichen Sekretären, Bibliothekaren, Küstern, Glöcknern, Erzpriestern, Priestern, Diakonen und Lektoren, die zum traditionellen Klosterbetrieb gehörten. Obendrein gab es selbstverständlich Gärtner, Ärzte, Zahnärzte, Krankenpfleger, Pförtner, Ikonenmaler, Graveure, Uhrmacher, Apotheker und Photographen. Die ständigen Schiffslinien nach Odessa und Konstantinopel wurden von 63 Seemönchen betreut. Unverzichtbar auch drei Gastväter, zwölf Köche und schließlich die zwei Totengräber.

Panteleimonos, das war eine kleine russische Stadt auf fremdem Boden, die sich dank des unaufhaltsamen Nachschubs an Mönchen, Pilgern und Spenden über dem gesamten Athos wie ein Ölfleck ausbreitete. Wer von den Griechen, Serben, Bulgaren oder Rumänen wollte sich ihnen ernsthaft in den Weg stellen. 1903 hatten 3496 Russenmönche den Rest der gesamten Athosgemeinschaft um 220 übertroffen, mehr als die Hälfte war fest in russischer Hand.

Kein Wunder also, daß am Hof des Zaren im fernen St. Petersburg diese Entwicklung zunächst viel Unterstützung fand. Die bis zum heutigen Tag in der Klosterbibliothek sorgsam gehüteten Fotoalben vermitteln dann auch das Bild einer illustren Galerie, wo Fürsten, Diplomaten und hohe Militärs ordenbestückt mit den würdevollen Äbten posieren. Der 1968 abgebrannte ehemalige Empfangssalon erinnerte folglich mehr an ein mondänes Gesandtschaftsfoyer als eine Stätte karger klösterlicher Gastlichkeit. War das noch der alte Athos der Einsamkeit und Herzensstille?

Nachdem bereits die ehemals meisterliche Ikonenkunst in den Sog rührseliger italienischer Vorbilder des 18. Jahrhunderts geriet, sprengte bald auch die wildwuchernde Monumentalarchitektur den strengen Rahmen der traditionellen Athosklöster, die wie Festungen die Mitte von Katholikon und Trapeza umschließen. Die nachdrängenden Massen und Bedürfnisse ließen Panteleimonos buchstäblich aus den Fugen geraten. Riesige Werkstätten, Lagerhallen, Gäste-, Kranken- und Altenhäuser, Unterkirchen, Nebenkapellen, Pilgerheime und Hafenanlagen sprengten die Ränder der alten Anlage.

Es war wohl mehr als ein böswilliger Verdacht, der bald diesem massiven russischen Zugriff auch politisch-strategische Absichten unterstellte. Der großzügige Hafen, der gar Dampfschiffen Platz und Schutz bot, sowie der öde Kasernenstil zahlreicher Bauten bestärkten die Vermutungen, daß sich hier der Zar im sicheren

Schutz frommer Beter eine unheimliche Militärbasis für expansive Operationen im Ägäischen Meer aufbauen wollte. Die sprunghafte Mönchsflut aus Rußland förderte auch die Befürchtung, daß sich so mancher Soldat klammheimlich der anonymen Mönchsmasse angeschlossen habe und während der Nachtgebete auf das Codewort der Drahtzieher warte ...

Bei einer türkischen Razzia waren 1881 immerhin auf dem gesamten Athosgebiet rund 450 Feuerwaffen beschlagnahmt worden, wobei die frommen Väter Jagd und Verteidigungsbereitschaft als Erklärung anführten. Eine plausible Erklärung, die sechs Jahre später durch Klosterplünderungen des famosen Räuberhauptmanns Dimitri bestätigt wurden.

Unterdessen vermutete die St. Petersburger Regierung unter den Athosmönchen auch so manchen Deserteur und begann den Exodus zunehmend zu kontrollieren. Zugleich verursachten die Auswüchse der Almosensammler erste Restriktionen, die von der russisch-orthodoxen Kirche zu einem strikten Verbot ausgeweitet wurden. Der Höhepunkt des furiosen Aufschwungs war erreicht und bald stellten sich im Rossikon ganz andere schwerwiegende Probleme.

Die dubiose Wucherung der russischen Klosterstadt mit ihrer nationalstolzen Masse an Mönchen und Möglichkeiten machte jetzt die Fehlentwicklungen einer geistigen Inzestsituation sichtbar. So wurde das Rossikon in den Jahren vor Ausbruch des Ersten Weltkrieges von der sogenannten »Imjaslavcy-Häresie« heimgesucht. Die von Mönchsvater Antonios verbreitete Doktrin betraf den Namen Jesus und bescheinigte den fünf Buchstaben des Wortes »Iisus« die Essenz der Heiligkeit. Der starken Anhängerschaft in der russischen Skite des heiligen Andreas schlossen sich bald auch im großen Küstenkloster zahlreiche Eiferer an, die einen verheerenden Einfluß in der Gemeinschaft ausübten. Die Situation war so brisant, daß sich die Regierung in St. Petersburg zum Eingreifen veranlaßt sah und noch vor Ausbruch des Krieges ein Truppenkontingent nach Panteleimonos entsandte, das rund 500 Anhänger der kuriosen Irrlehre zwangsweise nach Rußland zurückschickte.

Diesem ersten Aderlaß folgte bald die Einberufung von 450 Mönchen in die russische Armee, die bei Kriegsausbruch 1914 vorwiegend in Nordgriechenland eingesetzt wurden. Mit den Schüssen von Sarajewo blieben schlagartig die Novizen, die Pilger, aber auch Spenden und Almosen aus. Innerhalb weniger Monate hatte die Gemeinschaft wegen der Antonioshäresie und dem Krieg fast 1000 Mitglieder verloren.

Aber es war nur der zaghafte Anbruch einer viel größeren, existentiellen Katastrophe. Diese begann mit dem finanziellen Desaster einer Schuldenlast von mehr als einer Million Golddrachmen, nachdem alle Bankguthaben, Ländereien und Besitztümer des Rossikons von den kriegsführenden Staaten auf dem Balkan beschlagnahmt oder enteignet worden waren.

Diesem Schlag folgte eine rapide Dezimierung der einst stolzen Klosterpopulation. Die durch Krieg und Tod verödeten Plätze konnten nicht mehr neu besetzt werden. Zwar kamen zwischen dem Revolutionsjahr 1917 und 1928 noch einmal 22 Novizen, aber das war nur ein kümmerliches Auslaufen der einst vitalen Welle. Von 1924 bis 1956 sank die Zahl der Mönche in Panteleimonos von 625 auf 70. Es war ein erschütternder Niedergang. Der Wohlstand von einst zerrann den alten Vätern in den Händen. Es waren nur noch müde, schwer geprüfte Männer, die blieben. Zahlreiche wertvolle Gebäude wurden ein Raub der Flammen. Das Kloster, im letzten Jahrhundert noch ein Juwel des Heiligen Rußland, entwickelte sich zu einer unheimlichen Stätte der Dekadenz. Überall Zerfall, Ruinen und Tod.

Zu Hause im fernen Rußland regierte der Antichrist, der die Kirche rücksichtslos unterdrückte und verfolgte. Als man die neuen roten Barone im Kreml auf die schlimme Lage der russischen Athosmönche aufmerksam machte, hieß es nur verächtlich, man möge »die schwarzen Ratten endlich ins Meer treiben.« So mancher der in dieser Geisterstadt Panteleimonos mühselig zu den kümmerlichen Gottesdiensten schlurfenden Väter sah überall Zeichen der anbrechenden Endzeit. In tapferer Gelassenheit schien man sich dem Schicksal zu fügen. Und dennoch leuchtete unter der Asche all dieser Niederlagen noch ein strahlender Funke uneinnehmbarer Heiligkeit.

Totenkopf und Kreuzessplitter

Die Gottesgebärerin schwebte auf einer Wolke über dem Athosgipfel. Geheimnisvolle, »nicht von Menschenhand gemalte« Ikonen glitzerten gold- und silberbeschlagen in der Sonne des späten Osternachmittags. Der heilige Vladimir und die heilige Olga, der strenge Blick des heiligen Athanasius, einer Madonna Tränen beim Gebet für die Welt, dann der gute, weise Frauenblick der Muttergottes von Kasan, alle Milde dieser Welt. Und die großen Gestalten des Heiligen Rußland. Sergej von Radonesh, der bei den Angriffen der Mongolen die Namen der Toten im voraus kannte und dessen Antlitz auf dem Holz des Sarges gemalt ist; Serafim von Sarov, der tausend Tage Gott auf einem Stein um Gnade anflehte; Johannes von Kronstadt, dessen Foto hier aufbewahrt wird, ein feines, gutes Gesicht, das Haar in der Mitte gescheitelt, die Hände, die manchen Besessenen heilten, überkreuzt.

So führt uns Vater Sergej durch die große Doppelkirche im vierten Stockwerk des Zellentraktes. Sie ist der Pokrov, der Schutzmantel-Madonna und dem heiligen Alexander Newskij geweiht und fließt über vor Gold und Kunstschätzen. Zwei durch eine kuriose Säulenkonstruktion getrennte Schiffe führen zu einem großen Altarraum, der unter der Last der Kostbarkeiten wie die unnahbare Bundeslade blitzt und funkelt.

Es ist ein sonderbarer, triumphierender Rahmen für die Reliquie eines Heiligen, der am 24. September 1938 in Panteleimonos gestorben ist und während 46 Jahren hier, nahezu unerkannt, ein armes, einfaches, ganz ausgewischtes Leben geführt hat: Starez Siluan, ein ungebildeter Bauer aus dem Gouvernement Tambow in Mittelrußland, der in der Mühle des Rossikons die Mehlsäcke geschleppt hat und später das Lebensmittellager betreute, unauffällig und von den gelehrten Priestermönchen bisweilen etwas belächelt.

Sein Schüler und Biograph, der hochbetagte Archimandrit Sofronij aus dem »Monastery of St. John the Baptist« in der britischen Grafschaft Essex bezeichnete ihn gegenüber der sowjetischen Autorin Tatjana Goritschewa als »die bedeutendste Gestalt im Christentum des 20. Jahrhunderts«, und so wundert es nicht, daß die Mönche von Panteleimonos seinen Totenschädel in einer wohlriechenden Silberdose unmittelbar neben dem Reliquienschrein mit einem Splitter vom heiligen Kreuz und einem Stein von Golgatha aufbewahren. Es ist eine brisante Nähe zwischen dem »Material der Erlösung« und diesem mit einem kyrillischen Namenszug des demütigen Vaters beschrifteten »heiligen Kopf«. Aber die Mönche und Pilger verehren beide mit stürmischen Küssen und Kniefällen. Zärtlichkeit ist nicht berechnend, und so oder so ist der Gegenstand ihrer Glut nichts anderes als die Manifestation der Liebe Gottes unter den Menschen.

Siluans plötzlicher Aufstieg zur »Ehre der Altäre« fällt nicht aus heiterem Himmel eifernder Frömmler. Sein Lebensweg, so unspektakulär und kurios er auch anmutet, berührt auf mysteriöse Weise die großen, heimlichen Fragen dieses Jahrhunderts. Selbst da, wo er einsam mit Engeln und Dämonen ringt, gelten seine Tränen der Sorge um die Rettung aller Menschen. Zieht es ihn hinab in die Bezirke der Hölle, so möchte er der elendeste und letzte aller Sünder sein, derjenige, der im Gegensatz zu allen anderen »nicht errettet wird«. Trifft ihn der Blitz des »unerschaffenen Lichtes«, so läßt er nicht nach in seiner »Liebe für die Welt«. Zwischen diesen Extremen gleitet geräuschlos, unauffällig sein Leben. Ein stämmiger

Mann einfacher Herkunft, ein harter Arbeiter, unter den tausend Mönchen im Rossikon irgendeine Nummer, eine Null. Und doch.

Als Simeon Iwanowitsch Antonow 1892 auf den Athos kommt, sind ihm die menschlichen Dinge keineswegs fremd. Er hat soeben seine Schreinerlehre und den Militärdienst beendet. Er hat schmerzlich erfahren, was eine Frau ist; Wodka kann er, ohne umzufallen, literweise trinken; er hat im Wirtshaus Ziehharmonika gespielt und bei einer Schlägerei einen Kameraden lebensgefährlich verletzt. Doch er hat auch tiefe Kindheitserinnerungen an einen Einsiedler und Traumerscheinungen ekelerregender Schlangen und Klagen der Muttergottes über sein Sündenleben. Als er dem im Rufe der Heiligkeit stehenden Johannes von Kronstadt seine Absicht, Mönch auf dem Athos zu werden, mitteilt, spürt er zum ersten Mal »die höllische Flamme« um sich. Ein geheimnisvolles Feuer, das sein ganzes Leben durchlodern sollte. So sehr ihm auch außergewöhnliche Gnade zuteil wird, beginnt kein Aufstieg, sondern ein Abstieg in die innersten Bereiche der »Hölle«. Er soll ganz abbrennen, ganz zerrieben werden zu feiner Asche, zum Staub der Rettung.

Im Noviziat und später als Mönch ist Siluan immer wieder von schlimmen dämonischen Versuchungen verfolgt worden. Bereits als junger Mann erkannte er in diesem vermeintlich sicheren Klosterhafen auch die Möglichkeit des Untergangs. Der Bärenstarke wehrt sich mit nahezu unmenschlicher Entsagung, und doch keifen ihm die Teufelsfratzen in der Maskerade trügerischer Erscheinungen entgegen: »Wir sagen niemals die Wahrheit«, fauchen sie den Gepeinigten an.

Am Rande der äußersten Verzweiflung sieht er während eines Abendgottesdienstes in der Kirche des Propheten Elias, »rechts vor der Königstür, dort wo sich die Heilandikone befindet«, den lebendigen Christus. Ein sanfter, allverzeihender, grenzenlos liebender Blick, von dem er später berichtet, er habe »ihn sofort erkannt«. Doch ähnlich wie bei anderen ganz großen Gestalten des geistlichen Lebens beginnt für Siluan noch im ohnmächtigen Gefühl unsagbaren Glücks der verzweifelte Kampf, den »Unhaltbaren« festzuhalten, ihn nicht zu verlieren, eine Liebe zu bewahren, die zugleich grenzenlos und »gekreuzigt« ist. Das wird die Frage seines Lebens: Wie bleibe ich in der Gnade?

Nachdem ihm ein geistlicher Vater im abgelegenen Stary Russik voller Bewunderung für seine Gebetsleistungen Komplimente macht, beginnt Siluans eigentlicher Kampf in vollem Umfang, es ist eine jahrzehntelange unbarmherzige Schlacht gegen die Dämonen des Stolzes, die »Gedanken«, wie es in der alten Väterliteratur heißt, ein lebensgefährliches Wechselspiel von Gebet, Dunkelheit, Frieden und Leidenschaften. Es ist die Qual um das »verlorene Paradies«. Sein Biograph Sofronij schreibt dann auch, es handle sich um Schmerzen, die sich ein anderer nicht vorstellen könne, »denn wer das Licht des anfanglosen Seins gesehen und die Freude und unaussprechliche Süße der Liebe Gottes erfahren hat, für den bleibt auf der Welt nichts, was ihn noch anziehen kann.« Siluan selbst sagte später: »Hätte Gott mir nicht am Anfang zu erkennen gegeben, wie sehr er die Menschen liebt, so hätte ich nicht eine der Nächte überstehen können.«

Fünfzehn Jahre nach der ersten Erscheinung wird er eines Nachts von besonders heftigen Attacken der Dämonen verfolgt. Sie wollen seine Verbeugungen vor den Ikonen für sich einfordern, die ganze Zelle ist voll davon, und auf sein verzweifeltes Bitten wird ihm auf die betrübte Frage, was er tun soll, um demütig zu werden, die entscheidende Antwort zuteil: »Halte dich mit Bewußtsein in der Hölle und verzweifle nicht.« Jetzt erst findet er endgültig den Weg zum »reinen Gebet« für die Lebenden und Verstorbenen, die Freunde und Feinde.

Der Königsweg ist der kleine Weg der Demut. So wie ihn andere große Gestalten dieses Jahrhunderts, Charles de Foucauld, Mutter Teresa, Maximilian Kolbe oder Johannes XXIII., gegangen sind. »Der Stolz ist die Wurzel aller Sünden«, sagte Siluan, »wer Gott erwerben will, muß die Demut erwerben.«

Die Pforten der Geheimnisse

Alexis war in seinem Element. Dank seines russischen Ursprungs, seiner Sprachkenntnisse und guten politischen Verbindungen zum Sowjetstaat genoß er im Rossikon ein besonderes Gastrecht. Während wir unten am Meer im von Brand und Verfall erschütterten Pilgerheim von Vater Vladimirs Hündchen beschnuppert und bejault wurden, wohnte er oben im Klosterbezirk in einem ehemals den Diplomaten reservierten Flügel. Rostige, etwas zweifelhafte Eisentreppen führten neben dem großen Glockenturm zu den Galerien, und da saß er nun auf der Weinterrasse wie Fürst Puschkin, das Rakigläschen lässig in der Hand, die leuchtenden Augen auf die abendliche Bucht gerichtet. Dunkle Bläue, große Stunde.

Die Zimmer waren mit würdevollen Porträts uniformierter und ordensbestückter Persönlichkeiten übersät. Nippes auf den Tischchen und Schränkchen, ein Kanonenofen in der Ecke, auf Schritt und Tritt der noch nicht weggeräumte Teedekor der kaiserlichen Jahrhundertwende. Im Flur war ein großer Tisch festlich gedeckt: Süßbrot, Früchte, Ostereier, Blumen und Kerzen. An den Wänden flakkerten die Öllichter, und man wußte nicht so recht, ob sie nun den Ikonen oder den Mitgliedern der Zarenfamilie galten, die uns aus der Höhe anblickten. Ein sanfter Jesus und die Kühle der Romanows mit den Insignien vergänglicher Macht. War es nicht der

ideale Rahmen, ein Nachtgespräch über Glauben und Glasnost zu führen?
Dann erscheint Vater Sergej, sein rötlich glänzender Bart im Türrahmen, seine Hand greift suchend ins wallende Gewand, und er stellt triumphierend ein Fläschchen Schnaps auf den Tisch. Die Rollen sind verteilt: Ich frage, Sergej antwortet, Alexis übersetzt. Doch zuerst stoßen wir an. Ich hätte fast gesagt: »Christos voskresse, Genossen!«
Für Sergej, und er behauptet auch für alle gläubigen Russen zu sprechen, ist der Athos nach wie vor »das Herz der Orthodoxie«. Bis zum heutigen Tag, so erzählt er, singt man in der Heimat Volkslieder vom Athos. Er selbst hat bereits als Kind die Geschichten vom Heiligen Berg atemlos verfolgt und Briefe derer gelesen, die hier Mönch waren. Er blinzelt mich an hinter seinen dicken Brillengläsern, während Alexis dolmetscht, »es war eine kleine Flamme, die weiter brannte...«
Vor einigen Jahren ist er zusammen mit neun anderen jungen Mönchen nach Panteleimonos gekommen. Die erste Gruppe seit dem fatalen Niedergang, eine historische Mission, bestaunt und beargwöhnt zugleich: Waren es tatsächlich Mönche oder heimliche Politkommissare des Regimes? Sergej war zuvor in das berühmte Kloster von Sagorsk bei Moskau eingetreten und hatte dort ein Theologiestudium begonnen, das er jedoch sofort abbrach, als sein Visum für den Athos vorlag. Seit fünfzehn Jahren erkennt er eine langsame, aber allmähliche Steigerung des Mönchtums in der Heimat, quantitativ und qualitativ. Im Gegensatz zu früheren Zeiten ist mehr Interesse für Bildung und Spiritualität dabei. Seit einem Interview des Metropoliten Filaret in einer sowjetischen Zeitung ist auch in der Öffentlichkeit die Sensibilität spürbar gestiegen, es gibt wieder zahlreiche Briefe und auch Geldspenden aus dem Volk. Viele möchten sich an der Wiederaufrichtung des Rossikons beteiligen, manche bieten spontan an, unbezahlt hier arbeiten zu kommen. Es gäbe viel zu tun.
Bereits in der Vergangenheit hat es in dieser Richtung mehrere Initiativen der Sowjetbotschaft in Athen gegeben, aber die alten

Mönche haben es abgelehnt, seine in Thessaloniki auf ein Zeichen des Willkommens wartende Exzellenz überhaupt zu empfangen. So nicht! Jetzt, unter Gorbatschow, wandelt sich das Bewußtsein beiderseits, mit großer Anteilnahme hat man auch hier die Jahrtausendfeiern des Christentums in Rußland verfolgt und nicht ohne Stolz daran erinnert, daß jenes für die russische Geschichte und Kultur so bedeutsame Mönchtum vom Berg Athos in die Höhlen von Kiew gelangt ist.

Erst jüngst traf ein Telegramm des Moskauer Patriarchen ein, worin dieser mitteilte, daß der Ausreise von siebzehn neuen jungen Mönchen zum Heiligen Berg von sowjetischer Seite nichts mehr im Wege stehe, aber im nunmehr zuständigen Athener Außenministerium stellte man sich erst einmal taub und verzögerte. Die alte slawenfeindliche Skepsis sitzt noch tief. Man spielt auf Zeit, möchte nicht wieder Dämme öffnen, wittert Gefahren und Einflüsse. Aber hier mischt sich unser Übersetzer engagiert ins Gespräch. Er ist immerhin ein hoher Beamter der griechischen Tourismusverwaltung und fordert dazu auf, innerhalb der EG, in den Medien und im politischen Milieu auf diesen Mißstand aufmerksam zu machen. Ganz abgesehen von den religiösen Werten, sei die Erhaltung und Rettung des Rossikons eine dringende Frage europäischer Kulturpolitik.

Der junge Vater Sergej legt allerdings auf das Umfeld von Panteleimonos, den Zerfall und die Ruinen, keinen so großen Wert. Im Grunde meint er, seien es für einen Mönch »ideale Lebensbedingungen«. Ja, auf die innere, nicht auf die äußere Harmonie komme es an. »Keine Frauen, keine Autos, das Alleinsein mit Gott zählt.« Die Liturgie bringe den ersehnten Frieden und werde in der Zelle fortgesetzt. Dann legt er seine Hand neben die Süßbrotschnitte auf den Tisch und zeigt den Komvoschinion um sein Gelenk, die schwarze Wollschnur, ein Rettungsring in der langen Stille der Nächte.

Als ich nach dem Bildungsstand frage, lächelt er traurig, daß es undenkbar schwer gefallen sei, sechzig Jahre kommunistische Eiszeit zu überleben, aber »im geistlichen Leben zählen keine intellektuellen Kenntnisse«. Es gebe heute Theologieprofessoren, die nicht von Gott sprächen, der Abt eines Klosters sei dagegen ein Starez, ein Mann Gottes, »weise aus erlebter Erfahrung«. Diese Weisheit sei steinalt und gehe bis in die Zeit der Wüstenväter zurück. Damals wie heute gelte jedoch: »Der Mönch flüchtet die Welt, und die Welt läuft zu den Mönchen.«

So wundert es nicht, daß Sergej keine besondere geistliche Tendenz in Panteleimonos erkennen kann. Es geht allein um das »Gerrettetwerden«, nicht nur der Mönche, sondern aller Menschen. Mönchtum ist für ihn ein »Dauerkriegszustand gegen sich selbst«. Aber das Gebet kreise nicht um das private Heil, sondern habe die ganze Welt zum Gegenstand. So habe er zuletzt Tränen für die Opfer der Katastrophe im Fußballstadion von Sheffield geweint. Aber dieses Gebet für die Welt sei keine Spezialität der russischen Kirche, wesentlich bleibe: »Ob Sklave oder Meister, wir sind alle gleich vor Gott.«

Als wir schließlich Fragen der Ökumene ansprechen, spüre ich eine diskrete Haltung vorsichtiger Distanz. Auch scheint Alexis seine Dolmetscherrolle mit der eines theologischen Ratgebers für medienpolitische Themen zu vertauschen. So diskutieren sie, sprechen sich ab, fragen noch einmal nach, und es filtert sich eine abgeklärte Antwort heraus, die beim Filioque-Streit beginnt und bei Erzbischof Lefèbvre endet, sie handelt von katholischen Verirrungen und päpstlichen Einflußnahmen. Die orthodoxe Kirche sei dagegen weniger mächtig, aber immer einig geblieben und der Wahrheit treu.

Der beste Beweis für diese innere Stärke sind für Vater Sergej vor allem die zahlreichen Konversionen von westeuropäischen und amerikanischen Christen, die zum Heiligen Berg kommen, sich taufen lassen und Mönch werden. »Die Orthodoxie ist keine ausschließliche Religion für Griechen und Russen, wir lieben alle Menschen unabhängig ihrer Herkunft, und die Pforten zu den Geheimnissen stehen weit offen...«

Vladimirs weinende Gäste

Der Wind vom Meer kam heftiger, und draußen auf den halsbrecherischen Eisengalerien war schon finstere Nacht. Vater Sergej verbeugte sich tief und verschwand mit wallenden Gewändern irgendwo in einem dunklen Gang. Alexis lief tastend mit einer schwächlichen Funzel herum und half, die schwere, verschlossene Klosterpforte zu öffnen. Knarrend gaben die alten Balken nach. Jetzt mußte ich allein zurück. Die hohen Zypressen wankten schwermütig in den Böen, und mitten im einsamen Klosterhof stand nach wie vor der museale graue Lkw. Dann fand ich endlich die Brücke ins Nachtrevier.

Der Balkon vor unserer Zelle war der ideale Ort, diesen ereignisreichen Ostertag, die Fülle der Erlebnisse zur Ruhe kommen zu lassen. Im Morgengrauen stand ich noch im verwaisten Hafen von Hagi Anna, jetzt bin ich schon ganz eingefangen im Labyrinth dieser alten russischen Klosterstadt, wo die Zeit noch viel langsamer versickert als sonstwo auf dem allem Zeitlichen so abgewandten Berg. Ich vermag noch nicht den zaghaften monastischen Neubeginn im Umfeld dieser historischen Ruinen abzuschätzen, aber die Mischung hat etwas Faszinierendes. Noch ehe der letzte uralte Mönch der »Zarengeneration« ausgestorben ist, noch ehe das letzte ehemalige Glanzgebäude müde zusammenbricht, stimmen neue, junge Mönche bereits Auferstehungshymnen an. Kräftige, robuste

Slawentypen, ich sah ihre gefalteten Pranken während der Vesper in der Pokrovkirche. Sie wollen hier anpacken, aufräumen. In ihren Augen, die spitzer, schärfer sind als die runden griechischen, funkelt Entschlossenheit, ganz eingetaucht in eine melancholische, erprobte Geduld, die den Zeitenläufen vertraut und sich nicht irre machen läßt von schlechten Statistiken und ein bißchen Unrat.

Diese jungen Russenmönche lehren auch, daß es doch noch nicht die Endzeit und Apokalypse war, die über das Rossikon hereinbrach. Sergej, seine Freunde und all die anderen, die noch kommen wollen, wenn man sie nur läßt, weisen in eine ganz andere Richtung. Es ist der Weg Siluans, dessen Schädel oben in der Silberdose sie so sehr verehren. Das stille Aushalten, das unerschütterliche Ertragen, den Blick in einem existentiellen Vertrauen ganz ausgerichtet auf jenes Christusantlitz, das dem demütigen Seher nach langen erschöpfenden Dämonenkämpfen »rechts neben der Königstür« in der Kapelle des Propheten Elias erschien. Mild, allverzeihend, der ganz andere, von dem der Starez sagte: »Nur wer den Herrn nicht gekannt hat, kann ihn nicht unter Tränen suchen.«

Es ist eine schöne, wilde Nacht. Noch immer braust das Meer in zäher, aggressiver Heftigkeit gegen die Hafenanlagen. Die Luft ist mild, ein würziges Gemisch von Feldblumen, Harz und Waldboden. Der Himmel freigefegt, sternenklar, voll orientalischer Pracht. Dann erscheint Couven im Kerzenlicht und ruft mich in die Zelle Vater Vladimirs. Hier präsidiert der Mönch eine seltsame österliche Nachtgesellschaft. Er hat vertraute deutsche Gäste um sich geschart, welterfahrene, weitgereiste Wirtschaftsmänner, die ihm nur die Stichworte liefern, und er gibt immer neue Geschichten aus Rußland zum besten. Als ich mich niederlasse, wird gerade der achtzehnte Raki ausgeschenkt, und mit einem Zug kippen alle das gute Zeug herunter. Von gemeinsamen Bekannten am Goldenen Horn ist die Rede, von Klosterklatsch aus der Nachbarschaft, vom roten Riesenreich, von Männlichkeit natürlich, es wäre kein deutscher Stammtisch, aber während die Herren zunehmend schlapper werden, schleppt Vladimir einen Krug Wein heran. Dann singt er ihnen herzerschütternd russische Lieder, immer wieder verlangen sie danach. Sie nennen ihre Erinnerungen nicht beim Namen, aber sie haben Tränen in den glasigen Augen und stützen den Kopf schwermütig in den Händen.

So läßt Vater Vladimir sie weinen. Seine Stimme ist ungebrochen. Was allein zähle, so klopft er ihnen auf die breiten Schultern, sei, gleich wo man stehe, ehrlichen Herzens das Beste machen zu wollen. Ob Lutheraner oder Katholik, ob Christ oder Kommunist, nur das Beste wollen und danach handeln, das sei schon der Anfang der Seligkeit. Als ich im Kerzenschein meine Zelle suche, ist der Hund draußen auf dem Diwan eingeschlafen, die Katzen räkeln sich überfressen in der Ofenecke. Dann höre ich Vladimir wieder singen, seine Stimme, ganz traurig, ganz kräftig in diesen Steingängen, und bevor ich mir den Schlafsack über die Ohren ziehe, glaube ich etwas davon zu spüren, wie sehr Rußland lebt und wie sehr wir, so wie der Vater es uns immer wieder zugeraunt hat, in Europa zusammengehören.

Als wir am nächsten Morgen zu den Waschbecken schleichen, ist der Mönch schon längst auf den Beinen. Wie eine Eins, gefolgt von dem kleinen Kläffer, stolziert er in seinen Kosakenstiefeln über die Blausteinchausseen des Gästehauses. Er war schon im Frühgottesdienst, bevor der Morgen graute, hat in diskreter Fürsorge im Toilettenraum einige tückische Spuren der vergangenen Nacht verschwinden lassen und brummt jetzt nur eisern: »Everything allright Sir?« Er sagt es im Weitergehen, seine Stiefel klicken und klacken auf den Steinen, und das Hündchen dreht sich noch einmal beleidigt um.

Es ist halb zehn und höchste Zeit, zum Essen in die Trapeza zu eilen. Schon ziehen die Mönche in einer Prozession vom Katholikon in den großen Speisesaal, allen voran der neunzigjährige Abt mit Brustkreuz und Stab, der ein rasantes Tempo vorlegt, singend folgen ihm die Väter im vollen Ornat. Bortsch, Fisch, Käse und Ostereier werden aufgetischt, dazu Wasser und Wein. Neben der Osterkerze liest ein Vater am Stehpult aus den Heiligenleben. Der

Abt präsidiert in der Apsis an einem ovalen Tisch. Er hat einen gepolsterten Stuhl mit Armlehnen. Kerzen, Blumen und ein schwungvoller Rosinenpudding geben seiner Tafel eine festliche Note. Aber die Hauptmahlzeit dauert keine fünfzehn Minuten, dann erfolgt ein Klingelzeichen, und schon geht es wieder prozessionsweise in die Kirche zurück. Wieder der vornüber gebeugte Marschschritt des weißbärtigen Abtes.

Vater Sergej hat uns für heute vormittag einen Besuch der Bibliothek in Aussicht gestellt. Es ist ein einstöckiges Gebäude, hinter den zwei mächtigen Palmen der Maria-Himmelfahrts-Kapelle. Es gilt eine Doppeltür aufzuschließen, die wohl bei einem kräftigen Schubs in sich zusammenbrechen würde. Alle Bücher befinden sich in Glasschränken, und Sergej läßt keine Sparte aus. Gleich fällt die auf einem der kleine Tische ausgelegte Zeitschrift der Trappisten aus Chimay auf, der rote Farbstift ruht auf einem Beitrag von Thomas Merton. Aber das ist dann auch schon der einzige Hinweis auf aktuelles Schrifttum, die meisten der rund 20 000 Bände sind ehrwürdige Lederbände des 19. Jahrhunderts, Altes und Neues Testament, Exegese, Väterliteratur, Heiligenleben, Dogmatik, Moraltheologie.

Zwei Arbeitstische stehen bereit, aber sie scheinen schon lange nicht mehr benutzt worden zu sein. Sergej zeigt uns eine arabische Bibel, die von hinten nach vorne gelesen werden muß. Oben im Stockwerk beherrscht ein monumentales, von der Feuchtigkeit angegriffenes Abendmahlgemälde die schnörkellose Strenge des verwaisten Raumes. Hier stehen die Wörterbücher und Enzyklopädien, die Stundenbücher und Zeitschriftenbände. Dann holt Sergej einen Holzkasten aus dem Schrank, worin sich, in einem Tuch eingewickelt, ein kostbares Evangeliar aus dem 14. Jahrhundert befindet. Der Prolog zum Johannes-Evangelium in Goldschrift auf Pergament. Dazu die Miniatur eines nachdenklichen Schreibers unter antiken Säulen. Feinstes Blau, wir dürfen es vorsichtig berühren. »Im Anfang war das Wort.« Unbehelligte Frische zeitloser Schönheit, ein Juwel, versteckt im verstaubten Bücherberg. Der kleine, entscheidende Gegenbeweis dafür, daß in diesen dunklen, leeren Lesesälen die Zeit stehengeblieben ist. Ein uraltes Wort des Beginns. Dem, der es sucht, gilt es noch immer.

Die Organisation der Stille

Kein Zweifel, daß ich ihn sprechen wollte. Während der Segnung der Klostergebäude sehen wir uns zum ersten Mal. Die Prozession zog mit Fahne und Kerzenleuchtern rund um das Katholikon, und es fiel gleich auf, daß er kein Russe war. Ein hochgewachsener alter Mann mit vielen feinen Falten im Gesicht, dazu ein glühender Blick, die Samtmütze tief in die Stirn gezogen; der schwarze Mantel machte ihn noch hagerer, größer. So zog er mit den kleineren, stämmigen Russenmönchen über die Höfe. Der Priester ließ das Weihwasser gegen die Wände klatschen, dann setzte sich der Zug wieder in Bewegung, alte Hymnen von der Auferstehung singend, allen voran Alexis Hadsis wie ein devoter Ministrant mit der Fahne.

Doch ich folgte wie gebannt dem fremden Mönch, den ich für einen Franzosen hielt, obwohl er die russischen Gesänge auswendig kannte und auch sonst das Ritual der Küsse und Bekreuzigungen freihändig beherrschte. Was ihn eigentlich so faszinierend machte, war sein Kopf, die durchgeistigten Gesichtszüge, die diskrete Haltung, vor allem jedoch eine abgrundtiefe Traurigkeit, die von ihm ausging. Da war jemand, der viel gesehen, viel gelitten hatte im Leben, sein ganzes Leidensgesicht war davon gezeichnet, und er trug die Wunden, ohne einen Hehl daraus zu machen, ganz gesammelt dem »einzig Notwendigen« zugewandt.

Nach dem Essen treffen wir uns im Schatten unter dem Torbogen der Klosterpforte. Mir fiel gleich seine Kompromißlosigkeit auf, ein strenger Zug, der nicht selten Konvertiten zu eigen ist. Vater Pachomus war Niederländer, er sprach fließend Deutsch, aber auch ein ausgezeichnetes Französisch. Zwanzig Jahre hat er der orthodoxen Stadtpfarrei von Paris angehört.

Zur Ostkirche fand er in den Niederlanden des Zweiten Weltkrieges. Todesangst bringe die Dinge auf den entscheidenden Punkt, sagt er lakonisch. Deshalb sei auch die russische Liturgie so stark und lebensnah, weil dieses Volk so furchtbar gelitten habe. Das in diesen Tagen immer wiederholte »Christos voskresse« sei nur zu verstehen im Angesicht des Todes.

Sein geistlicher Vater ist der Siluan-Biograph Sofronij, und es ist erschütternd zu sehen, wie dieser betagte Mönch noch immer, wie ein Kind, den Losungen des Älteren folgt. Als 13jähriger hat er zum ersten Mal die Matthäus-Passion gesungen, später hat er sie in den Konzertsälen der Niederlande als hochgeachteter Orchesterchef vierzigmal dirigiert, aber er hat sich schmerzlich davon trennen müssen. »Sie organisieren Lärm«, sagte ihm der Starez in kurzgefaßter Deutlichkeit, »organisieren sie die Stille, kommen sie zu uns.« Und so ist er gekommen, selbst seine himmelhoch jauchzenden Vorstellungen von Schönheit aufgebend, sie jedoch in einem langen Prozeß der Selbstaufgabe ganz neu entdeckend.

Hart und streng ist er geworden und warnt mich gleich, als ich von Literatur und Büchern spreche. Er mag sie nicht, die kleinen Nützlichkeiten, die behagliche Idylle wohltönender Lebensweisheiten. »Lassen sie uns über das Absichtslose sprechen«, sagt er leise, sein geistlicher Vater habe es ihm eindringlich ans Herz gelegt, und er zitiert ihn mit dem provozierenden Satz, der einem Zenmeister zur Ehre gereichen würde: »Gott ist unnötig, er dient zu nichts.«

Auch als ich mich bemühe, mit einem Wort aus Gerhart Hauptmanns »Indiphodi«, »dem Leben fern bin ich dem Leben näher«, dieser spröden Konsequenz zuzustimmen, winkt er ab. Dichtung, fast wieder zu schön, zu gesucht. Das Elementare sei viel einfacher, und vor allem unpoetisch. Er hat diesbezüglich die mörderischen Diskussionen unter russischen Emigranten in Frankreich verfolgt und verinnerlicht. Der Zusammenstoß zwischen Ost und West, der schon vorher in Rußland begonnen hatte und der um so heftiger in der Fremde wirkte. Die Leidenschaft in der Philosophie, in der Kunst: Wo ist Babylon, wo ist Jerusalem, wenn die Heimat unerreichbar fern?

In diesem Zusammenhang wundert es schon gar nicht mehr, daß er für Ökumenismus nur abfällige Bemerkungen übrig hat. Die wahren Differenzen lägen viel tiefer. Es gehe um das Wesen der Dreieinigkeit und die Lehre von den »ungeschaffenen göttlichen Energien«, es gehe um die Priorität des Gottesreiches, so wie es Basilius der Große gelehrt hat: »Sein Wesen aber bleibt unzugänglich.« Er sei der »ganz andere«. Deshalb auch seine abgrundtiefe Skepsis gegen den Intellekt, gegen den Hochmut der Gedanken. Sie seien dem Herzen immer weit voraus, aber nur das Herz zähle, es bleibe vierzig, fünfzig Jahre »stabil«.

So schöpft er seine ganze Kraft aus der Lektüre der Philokalie, die der Athosmönch Nikodemus als Sammlung asketisch mystischer Schriftsteller des 4. bis 14. Jahrhunderts herausgegeben hat. Hier sei »alles enthalten«, und Freud oder Jung seien demgegenüber »kleine Bürschchen«.

Fragt man ihn weiter nach Ereignissen, nach Lebensdaten, so scheint er sich noch tiefer, unnahbarer in seinem Mantel zu verkriechen, so als tue es gar nichts zur Sache. Nur einmal sagt er ganz kurz und beiläufig, er habe »schlimme Dinge« durchmachen müssen, zieht sich aber bald wieder zurück: »Ich habe nur noch eine Hoffnung, hier zu bleiben, zur letzten Etappe auf den Tod hin.« So bricht unser Gespräch irgendwo ab und gelangt wieder dorthin, wo es begann, als er mir sofort ins Wort fiel und einen schöngeistigen Dialog ablehnte. Der Athos als ein radikaler Ort des Absichtslosen, da sind wir wieder, als er sich erhebt, hager, groß, den Kummerkopf leicht zur Seite geneigt, auf alle Schläge gefaßt, so sehe ich ihn vom dunklen Torbogen in das grelle Mittagslicht treten.

Sonst ist es ganz still im Kloster, und ich bemerke, daß neben dem verriegelten Friedhofstor eine kleine Öffnung frei ist. Das Gras steht schon bis zu den Knien und streicht um einige morsche Kreuze, die im Schatten mächtiger Kastanien verkümmern. Ich öffne die Tür zur Totenkapelle, die in einem rechten Nebenraum die Ernte langer Klosterjahre birgt. Säuberlich nebeneinander in langen Holzkästen aufgereiht, ruhen hier Hunderte Totenschädel. Bis zur Dekke hoch gehen die Galerien der schwarzen Augenhöhlen. Buchstäbliche Totenstille, nur eine Biene hat sich an diesen Ort der Abwesenheit verirrt und brummt gegen soviel Lebensferne ihren emsigen Protest.

Es ist kein friedliches Bild, es sind vielmehr hundertfache schlimme Fragezeichen. So flüchte ich nach diesem ernüchternden Gespräch und dem Anblick multiplizierter Verwesung ans Meer. Hier rauscht noch immer die kräftige blauweiße Brandung gegen die Felsen, und auf dem Weg zum Strand wiegen sich im dichten Gras die Mohnblumen im Wind. Ich trete ganz nahe und sehe, wie sich ein großer roter Kelch mit den schwarzen Blütenstempeln einmal zur Sonne, dann wieder zum Schatten wendet. In einer kurzen Atempause scheint sie wie gescheitelt, die eine Hälfte dunkle, traurige Glut, die andere, feurig und voller Licht. Dann kommt wieder ein Windhauch und das Spiel der Verwirrung beginnt aufs neue. Hell und dunkel, rätselhaft wie unser Leben.

Abschied vom Heiligen Berg

Couven kehrt am Abend aus Zografou zurück. So habe ich ihn selten erlebt, ganz still und ernst. Es ist ein schlimmer Weg gewesen hinauf zum großen Waldkloster der Bulgaren. Vorbei an Xenofontos und Dochiariou verliert sich der Küstenpfad irgendwo im Dikkicht, stundenlange, demütigende Umwege waren die Folge, zerkratzt und müde ist er schließlich nach sechs Stunden ans Ziel gelangt. Zografou, dieser Name beschwingt die Phantasie, gemeint ist ein begnadeter Maler, der auf geheimnisvolle Weise über Nacht die berühmte Georgs-Ikone vollendet hat. Mein Freund mußte an diese wunderbare Legende denken, als er in dem nahezu verlassenen Kloster alter bulgarischer Mönche plötzlich einen jungen, kräftigen Mann entdeckte, mit wallendem schwarzem Bart und dunklen Augen.

Doch er staunte schließlich noch mehr, daß dieser ihn bald in deutscher Sprache begrüßte und sich als ein kurioser Vertreter der neuen Generation von Athosmönchen herausstellte: Ein zur Orthodoxie übergetretener Konvertit aus dem Westen. Vater Elias leitete noch bis vor wenigen Jahren als Verwaltungsdirektor ein großes Krankenhaus im Breisgau. Ein fleißiger, deutscher Protestant, der seine EDV-Anlagen bestens beherrschte und vom Berg Athos so gut wie nichts wußte, bis ihm in einer Schicksalsstunde Vater Sofronijs Biographie des »Staretz Siluan« in die Hände fiel. Jetzt war es um ihn geschehen, und alles ging sehr schnell. Er ließ alles zurück, kam erstmals auf den Athos und blieb für immer. Über das Serbenkloster Chilandar gelangte er zu den hilflosen, greisen Vätern in Zografou, und hier in der Nähe möchte er sich jetzt eine zerfallende Einsiedelei wieder aufrichten. Couven, der Architekt, kommt also wie gerufen, schon sind beide wieder im Berg, hinauf zur Klause. Ein Erdbeben hat in den Wäldern schwere Schäden hinterlassen, der Zustand ist bedenklich, aber die zwei Anpackertypen nehmen Maß, rechnen, prüfen, planen bereits.

Irgendwann, irgendwo hier oben haben sie sich plötzlich geduzt, ganz unpathetisch, aber es ist ein stiller Funke übergesprungen, und als mein Freund heute abend heimkehrte, spürte man, wie sehr ihm das alles nahe gegangen ist. Ein unverzichtbares, unvergeßliches Erlebnis, eine Begegnung, die so unerhofft und intensiv wohl nur der Athos schenken kann.

Ich kann das um so mehr nachempfinden, da wir später auf dem Schiff nach Ouranapolis Vater Elias zufällig wiedersahen. Zwei Stunden saßen wir ihm auf dem Oberdeck gegenüber. Ganz nahe konnte ich ihn beobachten. Seine imposante männliche Gestalt, die großen kräftigen Hände, die Augen voller Güte, eine Spur Müdigkeit auch, aber vor allem ist da eine große Gelassenheit, der man sich sofort anvertrauen möchte. Ob er drei oder vier oder zehn Jahre an seiner Eremitage zu schaffen habe, sei doch nicht von Belang, sagt der ehemalige Direktor einer »Schwarzwaldklinik«, allein wesentlich sei, »gerettet zu werden«. Dabei fügt er für unsere westlichen Ohren milde hinzu: »Oder wie immer sie das nennen wollen.«

Die letzten Stunden auf dem Heiligen Berg waren plötzlich ganz angefüllt von solchen sonderbaren Begegnungen zwischen Ost und West. So traf ich nach einem Gottesdienst in St. Panteleimonos den Journalisten Dusan Pejcic, der in Köln der serbischen Redaktion der Deutschen Welle angehörte. Er stand noch ganz unter dem Eindruck der Osternacht, die er im Kloster Chilandar verbracht hatte. Hunderte Künstler und Intellektuelle aus ganz Serbien hatten sich diesmal wieder um den charismatischen Vater Mitrofan versammelt. Was sie alle so sehr aufwühlt, ist natürlich die gespannte politische Lage auf dem »Amselfeld« im Kossovo, wo nicht nur der Streit von Nationalitäten, sondern auch die alten christlich-islamischen Gegensätze wieder brutal aufeinanderprallen. Pejcic berichtet erschüttert über die Einschüchterungsmethoden der Moslems gegenüber der christlichen Landbevölkerung. Das alles erfordert einen Halt, eine Mitte, und die ist das Athoskloster Mitrofans. »Nichts geschieht in Chilandar«, so der gutinformierte Journalist, »ohne daß es in Serbien registriert wird.«

Dann begegnen wir einem betagten Mönch, der nach einer langen Wanderung schweißgebadet das Rossikon erreicht. Erschöpft sinkt er auf die große Holzbank neben der Kirche, aber er ist gleich hellwach, als er hört, daß wir Belgier sind. Es ist Vater Daniel aus Karakallou, der auf einer langen europäischen Odyssee auch einige Zeit im Maastal verbracht hat und sich noch an den Friedensnobelpreisträger Pater Pire aus La Sarthe erinnern kann. Später hat er im Pariser St. Serge-Institut Theologie studiert, bevor er der orthodoxen Klostergemeinschaft in Sainte-Geneviève-des-Bois beitrat. Der Archimandrit Sofronij ist auch sein geistlicher Vater, er spricht von ihm voller Freude und Dankbarkeit, und wieder ist der heilige Siluan auf eine seltsame Weise präsent. Seine geistlichen Söhne, Kinder und Kindeskinder kehren an den stillen Ort seines Wirkens zurück. Als wir am nächsten Tag gemeinsam zum Hafen gehen, um das Mittagschiff zu nehmen, zeigt mir der gute, so stark und anziehend wirkende Mönch Siluans Zelle der letzten Jahre vor dem Tod. Ein enger Raum in einem zerfallenen Lagergebäude direkt am Meer. Der Wind fährt hindurch, er »weht, wo er will«.

Zu uns gehört auch in diesen Stunden des Abschieds Vater Alexandros, ein aus Österreich stammender Einsiedler, der, bevor er in das Athoskloster Grigoriou eintrat, im berühmten Katherinenkloster auf dem Sinai sowie in einer Höhle bei Hebron gelebt hat. Unter dem Einfluß von Vater Mitrofan konvertierte er zur Orthodoxie und ist auf die katholische Enge seiner alten Heimat nicht besonders gut zu sprechen. Die Unfehlbarkeit des Papstes, das Zölibat und alle nicht im Evangelium begründeten Dogmen sind ihm ein Greuel. Voller Verehrung spricht er jedoch von der habsburgischen Kaiserin Zita, mit der er bis zuletzt in enger Verbindung stand.

Es sind Hafengespräche, Schlußworte, die wir führen. Letzte Mitteilungen, kleine Details, die dann plötzlich haften bleiben, weil in der flimmernden Ferne das weiße Schiff schon naht und alles dichter, endgültiger wird. Schon stehen wir auf dem alten Landungssteg von St. Panteleimonos, der so sehr von Flut und Ebbe des russischen Mönchtums umspült worden ist. Jetzt klatscht die grünblaue See gegen die rissigen Betonblöcke, und die schwarzen Rökke der zum Abschied versammelten Mönche flattern im Wind. Im Mittagslicht glitzern die grandiosen Ruinen, Tausende leere Fensteröffnungen, weit aufgerissen. Man möchte fragen, wie es denn weitergehen soll, ob hier vielleicht bald wieder ein Dampfer aus Odessa vor Anker gehen wird? Er müßte nicht unbedingt Gold- und Silbergeschenke an Bord haben. Nur eine Spur Hoffnung, sie würde für ganz Europa schon reichen.

Dann heult die Schiffssirene, und die Eisenzähne der offenen Heckwand kratzen gegen den Stein. Noch ein Kuß, noch ein Segen, noch eine Umarmung, und das wogende Meer schiebt sich zwischen uns. Wir winken, und die Mönche strecken ihre Hände in den Himmel. An den Gelenken baumeln die Gebetsschnüre. Jetzt erst, als das Schiff noch einmal wendet und sie auf dem Kai zurückbleiben, fällt mir auf, wie blaß sie sind. Aber wenn sie lächeln, huscht es wie eine Flamme über ihr Gesicht. So arm und stark zugleich sind sie.

Dann gewinnt das Schiff rasch an Fahrt. Es ist ein Abschied ohne Wehmut. Das Eigentliche geht nicht verloren. Was sich hier mitteilt, bleibt gesagt. Möwen begleiten uns zurück in die Welt. Die See ist heiter, verspielt. Die Wälder rauschen grün und silbern im Wind. Hoch oben der Athos, der Heilige Berg. Unsagbare Kraft geht von ihm aus. Der Ort des Herzens kennt keine Trennung.

Bibliographie

Hans Urs von Balthasar, Erster Blick auf Adrienne von Speyr, Johannes Verlag, Einsiedeln, 1968.

Hans Urs von Balthasar, Theologie der drei Tage, Johannes Verlag, Einsiedeln, 1969.

Elizabeth Behr-Sigel, Prière et Sainteté dans l'Eglise Russe, Spiritualité Orientale, nr. 33, Abbaye de Bellefontaine, 1982.

Katharina Beta, Eine Flamme erfüllte sein Herz, Das Leben des Starez Siluan auf dem Athos, Herder, Wien, 1987.

Brandel, Duby, Aymard, Die Welt des Mittelmeeres, Zur Geschichte und Geographie kultureller Lebensformen, S. Fischer, Frankfurt am Main, 1987.

Gabriel Bunge, Akedia, Die geistliche Lehre des Evagrios Pontikos vom Überdruß, Luthe Verlag, Köln, 1983.

Gabriel Bunge, Das Geistgebet, Studien zum Traktat »De Oratione« des Evagrios Pontikos, Luthe Verlag, Köln, 1987.

Gabriel Bunge, Geistliche Vaterschaft, Christliche Gnosis bei Evagrios Pontikos, Pustet, Regensburg, 1988.

Odo Casel, Gegenwart des Christus-Mysteriums, Grünewald, Mainz, 1986.

Ben-Chorin Chalom, Mutter Mirjam, dtv, München, 1972.

Paul Claudel/André Gide, Glaube und Zweifel, Briefwechsel 1899-1926, Deutscher Taschenbuch Verlag, München, 1965.

Harvey Cox, Göttliche Spiele, Meine Erfahrungen mit Religionen, Herder, Freiburg, 1989.

Irenäus Doens, Le millénaire du Mont Athos 963-1963, Etudes et Mélanges, Chevetogne, 1964.

Irène Economidès, Différences entre l'Eglise orthodoxe et le Catholicisme romain, Athènes, 1988.

Paul Evdokimov, La Nouvauté de l'Esprit, Etudes de Spiritualité Orientale, nr. 20, Abbaye de Bellefontaine, 1977.

Paul Evdokimov, L'Art de l'Icône, Théologie de la Beauté, Desclée de Brouwer, Paris, 1970.

Jakob Philipp Fallemerayer, Der Heilige Berg Athos, Hrsg. von Franz H. Riedl, Athesia Verlag, Bozen 1978.

Erich Feigl, Athos - Vorhölle zum Paradies, Paul Zsolnay Verlag, Wien-Hamburg, 1982.

Glaube aus dem Herzen (Georg Gallitis, Georg Mantzaridis, Paul Wiertz), Eine Einführung in die Orthodoxie, TR-Verlagsunion, München, 1987.

Jean Gauillard (Hrsg.), Petite Philocalie de la Prière du Coeur, Editions du Seuil, Paris, 1979.

Tatjana Goritschewa, Unaufhörlich sucht der Mensch das Glück, Reisetagebuch, Herder, Freiburg, 1989.

Emanuelle Grassi, Berg Athos — eine Pilgerfahrt zum Berg der Asketen, München, List Verlag, München, 1981.

Alois Grillmeier, Mit ihm und in ihm, Herder, Freiburg, 1975.

Herbert Hinterleithner, Südliche Terzinen, Karl Alber Verlag, München, MCMXLVII.

Martin Heidegger/Erhart Kästner, Briefwechsel 1953-1974, Insel Verlag, Fft. am Main, 1986.

Paul Huber, Athos, Leben-Glaube-Kunst, Atlantis Verlag, Zürich, 1982.

Johannes Irmscher, Lexikon der Antike, Heyne Verlag, München, 1987.

Anastasios Kellis, Dialog der Wahrheit, Herder, Freiburg, 1981.

Erhart Kästner, Aufstand der Dinge, Byzantinische Aufzeichnungen, Insel Verlag, Frankfurt am Main, 1973.

Erhart Kästner, Die Stundentrommel von heiligen Berg Athos, Insel Verlag, Frankfurt am Main, 1956.

Nikos Kazantzakis, Im Zauber der griechischen Landschaft, Herbig, München-Berlin, 1976.

Iwan von Kologriwof, Von Hellas zum Mönchtum, Leben und Denken Konstantins Leontjews, Gregorius Verlag, Regensburg, 1948.

Jean-Yves Leloup, Paroles du Mont Athos, Les Editions du Cerf, Paris, 1980.

Verena Lenzen, Selbsttötung, Ein philosophisch-theologischer Diskurs mit einer Fallstudie über Cesare Pavese, Patmos, Düsseldorf, 1987.

Nikolaos K. Martis, Die Fälschung der Geschichte Makedoniens, Athen, 1984.

Euthyme Mercennier et François Paris, La Prière des Eglises de Rite byzantin, Chevetogne, 1937.

Wilhelm Nyssen, Drei Säulen tragen die Kuppel, Jerusalem-Rom-Byzanz, Luthe Verlag, Köln, 1989.

Reinhold Pabel, Athos - der heilige Berg, Begegnung mit dem christlichen Osten, Münster, 1940.

Basil Pennington, O sainte Montagne!, Journal d'une retraite sur le Mont Athos, Les Editions du Cerf, Paris, 1981.

Evagrios Pontikos, Briefe aus der Wüste, Eingeleitet, übersetzt und kommentiert von Gabriel Bunge, Paulinus-Verlag, Trier, 1986.

Gert Richter/Gerhard Ulrich, Lexikon der Kunstmotive, Antike und Christliche Welt, Mosaik Verlag, München, 1987.

Lucien Regnault, Les Sentences des Pères du désert, Collection Alphabétique, Solesmes, 1981.

Archimandrit Sophronius, Der Starez Siluan, Sein Leben und Werk, Patmos, Düsseldorf, 1980.

Franz Spunda, Legende und Fresken vom Berg Athos, J.F. Steinkopf Verlag, Stuttgart.

Johannes Thiele, Perlen der Mystik, Herder, Freiburg, 1989.

Marcel Viller und Karl Rahner, Aszese und Mystik in der Väterzeit, Herder, Freiburg, 1989.

Michael Andreas Wittig, Athos, Der Heilige Berg von Byzanz, Augustinus Verlag, Würzburg, 1985.

Georg Wunderle, Das geistige Antlitz der Ostkirche, Augustinus Verlag, Würzburg, 1949.

Jannis Zinnikev und Zbigniew Kość, Athos, U. Bär Verlag, Zürich, 1988.

Lexikon der Symbole, Heyne Verlag, München, 1987.

Lexikon für Theologie und Kirche, Herder, Freiburg, 1986.

Irénikon, Revue des Moines de Chevetogne, mit Beiträgen von Irenäus Doens, Olivier Rousseau und Athanase van Ruijven.

Deutsche Lyrik nach 1945, dtv, München, 1963.

REISE im Grenz-Echo Verlag

Peter Grypdonck
Im Schatten des Mount Everest
Dieses Buch zeichnet ein Bild der Leistungen des belgischen Bergsteigerehepaares Lut Vivijs und Jan Vanhees, gleichzeitig Bergsteigerehepaar Nummer 1 in der Welt, und von ihrer Mount Everest Expedition 1989.
196 Seiten, davon 48 Seiten vierfarbig
ISBN 3-923099-73-8
BF 595.- DM 29,80

Ann Weckx - Dirk Rodiguez
Flohmarktführer Belgien
Für Spaziergänger und Goldsucher
Belgien ist das Mekka der Liebhaber anspruchsvoller Flohmärkte. In diesem Buch werden diese Flohmärkte beschrieben, und werden Begriffe wie Art Deco, Jugendstil, Sixties usw. erklärt. Mit touristischen Routenvorschlägen, Orts- und Stichwortregister.
ca. 130 Seiten
ISBN 3-923099-86-X
erscheint Frühjahr 1991
BF 495.- DM 24,80

BELLETRISTIK im Grenz-Echo Verlag

Hubert Franke
Bundestraße 258
Das Buch schildert die Rückkehr eines jungen Landflüchtigen in die Eifel. Er erinnert sich an seine Jugend in den 60er Jahren: Kuba-Krise, Beatles, Easy-Rider, aber auch an die Probleme der Jugendlichen auf dem Lande. Er erkennt, daß er seine Träume nicht einholen konnte.
144 Seiten
ISBN 3-923099-81-9
BF 575.- DM 28

Franz Nießen
Gut essen und trinken im Pfarrhaus
Dieses Buch ist eine Liebeserklärung an alle Frauen und Männer, die sich öffnen für das, was Gott ihnen in seinem Schöpfungswerk anbietet. der Autor schreibt von Sara, Rebekka, Martha und vielen Frauen, die (un-)frommen Männern die Suppe kochten...
86 Seiten
ISBN 3-923099-65-7
BF 295.- DM 14,80

Viktor Gielen
Das Kreuz der Verlobten
Venn und Wald erzählen

Der Autor gibt einen Überblick über die Schicksale und Tragödien, die sich im Laufe der Jahre in der unwegsamen Moorlandschaft des belgischen Hohen Venns abgespielt haben, und über die Bemühungen unserer Vorfahren, das Hohe Venn zu durchqueren.
188 Seiten
ISBN 3-923099-41-X
BF 790.- DM 39,80

Viktor Gielen
Geliebtes Hohes Venn

Geschichtliche Plaudereien über eine Landschaft und ihre Menschen. Das Hohe Venn fasziniert die Menschen in jeder der vier Jahreszeiten. Der Autor beschreibt die Schönheit und die Entwicklung der Vennlandschaft.
212 Seiten
ISBN 3-923099-28-2
BF 690.- DM 34.-

KINDER/JUGENDBUCH im Grenz-Echo Verlag

Katrien Seynaeve
Schmetterlinge im Bauch
Die Mauer aus Kristall

Am 9. November 1989 bröckelt in Berlin die Mauer. Das Buch erzählt, wie sich für die sechzehnjährige Christel aus Ost-Berlin das Leben verändert, und welche Schwierigkeiten ihre Großmutter mit den Umwälzungen hat.
ab 12 Jahre - 116 Seiten
ISBN 3-923099-87-8
erscheint Frühjahr 1991
BF 295.- DM 14,80

Elisabeth Walravens
Die Äpfel aus Onkel Willis Garten
Peter macht Urlaub auf dem Land

Peter aus der Stadt macht Urlaub bei Onkel Willi auf dem Bauernhof und freundet sich nach anfänglichen Schwierigkeiten mit den Landpomeranzen und den Tieren an und erlebt unvergeßliche Ferien,... auch wegen eines dicken Augustapfels vor seinem Fenster.
ab 8 Jahre - 94 Seiten
ISBN 3-923099-69-X
BF 295.- DM 14,80

Gisela Holdau-Willems
Mögen Bilder keinen Tee?

Isabel beschädigt in der Kunsthandlung ihrer Eltern versehentlich das Bild eines merkwürdigen Herrn. Unter dem ursprünglichen Bild kommt ein zweites zum Vorschein. Das und andere geheimnisvolle Umstände wecken in Isabel und ihrem Bruder Phil einen Verdacht...
ab 12 Jahre - 136 Seiten
ISBN 3-923099-79-7
BF 450.- DM 22,80

Renate Herzog
Die abenteuerliche Flucht der Printe Marianne

Neben der Geschichte der Printe Marianne, die auf Entdeckungsreise durch Aachen geht, erzählt die Autorin von einer Weihnachtsüberraschung und von Mathilde und ihrem Besuch im Marionettentheater.
ab 5 Jahre - 88 Seiten
ISBN 3-923099-80-0
BF 395.- DM 19,80

Verena von Asten
Hilfe - ich bin ein Tiernarr

Die Autorin beschreibt aus der Sicht einer besorgten, liebenden Mutter den Alltag einer tierliebenden Familie, wie eine ganze Familie an ihren Tieren hängt, sich um sie sorgt, sich über sie ärgert. Ein Buch für alle, die Tiere mögen, für Kinder und Erwachsene.
ab 10 Jahre - 176 Seiten
ISBN 3-923099-68-1
BF 425.- DM 19,80

Vertrieb in Deutschland, Österreich, Schweiz:
Meyer & Meyer Verlag,
Am Bayerhaus 23 in Aachen

Fragen Sie unser Gesamtverzeichnis an:
Grenz-Echo Verlag, Marktplatz 8
in 4700 Eupen/Belgien

Wenn die Dämonen des Mittags kommen, werden sie uns wach finden ?

Max J., verkrachter Student, Journalist, Werbetexter, Frauenfreund und an Exzesse gewöhnt, fühlt tief im Herzen die trostlose Leere seines ausschweifenden Lebens: ein pakkender, spannender Roman - die Geschichte einer zerrissenen, nach Lebenssinn suchenden Seele ... Spannung wie in einem Krimi, Midlife-crisis, Aussteiger-Thema, Suche nach Lebenserfüllung, Suche nach Gott.

Freddy Derwahl
DER MITTAGSDÄMON
Roman
196 Seiten, Leinen
ISBN 3 222 11701 2

Zwei Stimmen zu diesem Buch:

Heinrich Böll:
»Es ist eine mir bisher nicht bekannt gewordene Art, den ‚Sumpf' einer oberflächlich verstandenen ‚Modernität' zu überwinden.«

Reiner Kunze:
»Eine tadellos erzählte Prosa, dicht, bildhaft; kaum eine Unsicherheit — das ist kein Anfänger-Buch.«